図解

スティーブ・ジョブズ 神の仕事術

不可能を可能にする40の成功法則

桑原晃弥

PHP文庫

○本表紙図柄＝ロゼッタ・ストーン（大英博物館蔵）
○本表紙デザイン＋紋章＝上田晃郷

まえがき

天才の仕事ぶりを ごく普通の人間が使えるスキルに変える

悪魔か神か評価が二分される。そこがジョブズの魅力

アップル創業者スティーブ・ジョブズの若き日の仕事ぶりを、本や雑誌で初めて読んだ人の多くがこう言う。「こんな人が上司だったら絶対に嫌だ」「友だちにはなりたくない」。

確かにそんな面はある。

若いジョブズが提携先を求めて日本に来た時のことだ。ある大手企業を大遅刻して訪れた。その企業はそんなジョブズを懇切《こんせつ》丁寧に迎え、社長自ら会社を案内した。製品も素晴らしかった。だが、ジョブズはなんの気まぐれか、数分間で「ひどいね。もっとましなものはないのか」と決めつけ、さっさと帰ってしまうのだ。

これに類する話にはこと欠かない。人間性には疑問符がつくのである。

一方で、ジョブズの業績は世界中の人が認めている。

アップルⅡやマッキントッシュでパソコン市場をほぼ独力でつくり上げた。一時アップルを追放されてしまうが、その間にピクサーで『トイ・ストーリー』などのアニメ映画で大ヒットを飛ばす。ディズニーの取締役にまでなった。アップル復帰後はｉＭａｃ、ｉＰｏｄ、ｉＰｈｏｎｅ、ｉＰａｄと世界を変える製品を出す。特にｉＴｕｎｅｓストアはジョブズなしではあり得なかった。ジョブズは悪魔か神か。評価が二分される。そこがまたジョブズのなんともいえない魅力になっているのだから不思議だ。

何を持っているかよりも、足りないものを補う力が大切

本書は、そんなジョブズの仕事ぶりを、ごく普通の人間が仕事に使えるスキルに変えてしまおうという試みだ。

「なんて無謀な」と思うかもしれない。だが、実はジョブズの仕事術や生き方には、私たちの参考になることが多いのだ。

たとえばジョブズの業績を追うのは難しいが、ジョブズが仕事に賭けた情熱を真似することはできる。

神か悪魔か……その素顔に迫る！

提携先を求めて
来日したジョブズ
ひどい！
もっとましな
ものはないのか！

↓

人間性には疑問符も……。しかし、そこがジョブズの魅力！

若き日のジョブズの境遇

技術なし　資格なし　資金なし

人脈なし　人に嫌われる　大学中退

↓

自分に欠けているものを集めて夢を実現

本当にやりたい夢を持て。そしてかなえるのだ！

※本文中のジョブズのイラストは、視覚的わかりやすさを優先して、晩年の様子をもとに描き下ろしたもので統一しております。

ジョブズの個人的な腕力は真似できなくても、ジョブズが好んだチームプレーを取り入れて業績を上げることは可能だ。

なぜなら、ジョブズも若い頃は何も持たない若者にすぎなかったからである。大学は中退。技術も資格も資金も人脈も貧弱。人に嫌われることも多かった。しかしジョブズはあきらめることなく、自分に欠けているものを1つ2つと集め、粘り強く自分の夢をかなえている。それは私たちにもできることだ。

人が才能や環境だけで決まるとすれば、生まれた時点で夢をあきらめるしかない。しかし、ジョブズを知れば、情熱や粘り強さで夢を実現できることがわかる。

大切なのは本当にやりたい夢を持つことだ。ジョブズはそれを「ビジョン」と呼んだ。ビジョンを描くことは、自分に足りないものを知ることでもある。それは夢の実現に1歩を踏み出すことでもある。

桑原晃弥

図解 スティーブ・ジョブズ 神の仕事術 もくじ

まえがき

巻頭特集 世界を変えた男の仕事術を徹底検証!
スティーブ・ジョブズのここがすごい! ―― 12

PART 1
結果を出すための〝ジョブズ流 神のスピード術〟

① 限界を超えるほど仕事に打ち込め。成功は後からついてくる ―― 36
② スピードにこだわれ。常識を覆す速さが信じられない結果を出す ―― 40
③ まずはやってみよ。やることからすべては始まる ―― 44

④ 自分を大きく見せよ。小さくまとまってはつまらない —— 48
⑤ 焦点を絞り込め。会議・交渉では重要事項だけを議論する —— 52
⑥ 強みに集中せよ。ムダを省けば大切なことだけが見えてくる —— 56
⑦ 「自分にない力を持つ人」を選べ。仲よし倶楽部では成長しない —— 60
⑧ 毎日自問自答せよ。「自分が本当にやりたいことはこれか?」 —— 64
⑨ 仕事仲間を好き嫌いで選ぶな。能力主義が成功への近道 —— 68
⑩ ビジョンを語れ。人を動かすには高い理想が必要だ —— 72
⑪ 「できません」を認めるな。無理なら他の人に頼め —— 76
⑫ 即戦力なんていない。大切なのは人材を育てることだ —— 80
⑬ 「仲のいいケンカ」をせよ。真のチームワークはそこから生まれる —— 84
column いい生き方と発想の宝庫! アップルの「Think Different」キャンペーン —— 88

PART 2

世界を変える製品を創造する〝ジョブズ流　神のアイデア術〟

① 強烈な問題意識を持て。創造性とはものごとを結びつける力だ —— 92
② 不満やグチを放置するな。アイデアのもとは小さな気づきから —— 96
③ 現場に足を運べ。発想は現場に行くことで磨かれる —— 100
④ 「捨てる勇気」を持て。ダメならゼロベースで考え直せ —— 104
⑤ 成功した時こそ反省せよ。安全思考は危険な落とし穴 —— 108
⑥ 単なる模倣はやめよ。知恵をプラスすることでオリジナルになる —— 112
⑦ 細部にこだわれ。独創的な仕事は見えないところが素晴らしい —— 116
⑧ 難しいことを簡単にせよ。真の創造性はそこに宿る —— 120
⑨ 最高の宣伝とプレゼンは、最高の製品によって創造される —— 124
⑩ データにとらわれるな。未来は自分の感覚の中にある —— 128
⑪ ライバルを意識しすぎるな。他社を圧倒する製品をつくれ —— 132

⑫ 危機の時こそ攻めろ。創造こそ最大の攻撃であり防御 136
⑬ 不足はチャンスだ。足らない時こそ知恵を出せ 140
⑭ 「これでいい」と思うな。常に次回作こそ「最高傑作」 144

column
アップルを一夜にして有名にした伝説のテレビCM「1984」 148

PART 3

でっかい夢を実現するための〝ジョブズ流 神の人生術〟

① 「これをやりたい！」と思えるものを持て。情熱が人生を決める 152
② 自分がやりたいことをやれ。本当に欲しいものをつくれ 156
③ 仕事に夢を持て。夢こそ最高の製品をつくるためのエンジンだ 160
④ 夢を描け。笑われてもいい。でっかい夢を語れ 164

⑤ 毎日「今日が人生最後の日だったら」と自分に語りかけよ ―― 168
⑥ やったことはムダにはならない。自分を信じて熱中せよ ―― 172
⑦ 他力がダメなら自力でやれ。本気でやれば仲間は現れる ―― 176
⑧ 居場所は自分でつくれ。不満を言っても誰も助けてくれない ―― 180
⑨ あこがれのヒーローを持て。自分の生きる道が見えてくる ―― 184
⑩ 「できる」と信じよ。信じればできる道への扉が開く ―― 188
⑪ 納得するまでやり直せ。「準備」が本当の自信をもたらす ―― 192
⑫ あきらめるな。「ノー」から仕事は始まる ―― 196
⑬ 楽な道を行くな。困難こそ限界を突破する糧と心得よ ―― 200

あとがきと参考文献

巻頭特集

世界を変えた男の仕事術を徹底検証！

スティーブ・ジョブズのここがすごい！

写真：AP/アフロ

歴史に残る斬新な製品、世界が注目するパフォーマンス。しかも一発屋ではなく、幾度もヒットを連発……。誰も真似できないアイデアを大量に生み出したスティーブ・ジョブズ。彼の発想法には、どんな秘密が隠されているのだろうか？

桑原晃弥 Teruya Kuwabara ／経済・経営ジャーナリスト

1956年、広島県生まれ。慶應義塾大学卒業後、業界紙記者、不動産会社、採用コンサルタント会社を経てフリージャーナリストとして独立。転職者・新卒者の採用と定着に関する業務で実績を残したのち、トヨタ式の実践、普及で有名なカルマン㈱の顧問として書籍やテキスト、ビデオなどの企画・編集を行った。著書に『スティーブ・ジョブズ名語録』（ＰＨＰ文庫）、『ウォーレン・バフェット 成功の名語録』（ＰＨＰビジネス新書）など多数。

取材・構成：川端隆人

すごい！ 発想力 編

ジョブズの発想力は、それほどでもない？

スティーブ・ジョブズは、マッキントッシュ、iPod、iPhoneと、歴史に残る斬新《ざんしん》な製品を次々と生み出してきました。その発想力の秘密は、誰しも興味のあるところでしょう。

しかし私は、ジョブズの発想力はそれほどでもない……というのはさすがに言いすぎですが、決して誰にも真似できないようなものではないと考えています。

ジョブズがアップルを設立した当時、コンピュータといえば業務用の大規模なもののことで、個人がコンピュータを持つことは基本的に考えられていませんでした。

ごく少数のマニアが、電子部品を買ってきてコンピュータを自作していただけだったのです。

アップルも、当初はそうした少数の顧客を相手にしていたのですが、ある時ジョブズはこう考えます。

「コンピュータを組み立てたいと思うオタク1人に対して、そこまではできないけれどもちょっとやってみたいという人は1000人いる」

その発想から生まれたのが、世界で初めて完成品で売られた一般向けパソコン「アップルⅡ」です。販売台数は500万台に達し、一躍《いちやく》アップルの名を広めることになります。

アップルⅡのアイデアを発想できたのは、ジョブズが技術者としては一流でなかったことと大いに関係があるでしょう。

大学を中退した後の数年間、学内の電子機器をメンテナンスする仕事などで食いつないでいたジョブズは、言ってみればアルバイトのサービスエンジニア上がり。アップルの共同設立者であったスティーブ・ウォズニアックのような天才コンピュータ技術者とは、比較にならないレベルです。

実際、ジョブズは自分の技術がすごいと言ったことは一度もありません。個人で特許を取ったこともありません。

しかし、一流の技術者でないゆえの、「素人の発想」こそがジョブズを成功に導きました。

「自分ではすごいコンピュータは組み立てられないから、完成品で買えたらいいな」という顧客の立場からアップルⅡの開発を思いついたのです。

これは、非常にすぐれた発想です。しかし、発想法としては決して珍しいものでないことに気づかれたでしょうか。要するにジョブズは、ユーザー視点で発想したということなのです。

ジョブズの「発想力」は、ここが違う！

1 常にユーザーの視点に立ち続ける

2 「足す」よりも「削る」ことを考える

3 実行のために発想するのではなく、発想のために実行する

写真：アフロ

平凡な方法を徹底することで、ジョブズの非凡な発想力が生まれる

資料：桑原晃弥氏へのインタビューをもとに、編集部が作成

足そうとする発想、削ろうとする発想

売れる商品を開発するにはユーザー視点が大切、ということはわかりきっています。しかし、製品開発の場では、その視点が意外に見失われがちなものです。

よく言われるのが、開発者の「わかっている症候群」です。開発者は、専門家の視点で先端的な機能、自分が便利だと考える機能をどんどん新製品に追加したがる。しかし、どういうわけか顧客満足度はどんどん下がっていく。

技術者が自己満足でつけた多彩な機能は、実はユーザーにとって不要なもので、ただ操作を面倒にしているだけ、というわけです。

これに対して、ユーザー視点で発想するジョブズは、「これはいらない」「ムダだ」といらない機能をそぎ落としていきます。

たとえば、iPodをつくる際には、電源のオン・オフボタンをなくしています。

iPhoneでは、普通の携帯電話にあるようなキーを削りました。iPhone以降、タッチパネルを採用するスマートフォンが当たり前になり、キーが必須《ひっす》だと

考えられていた時代は完全に過去になりました。

もちろんジョブズの「削る発想法」は、最近始まったことではなく、古くはｉＭａｃを開発した時にフロッピーディスクドライブを廃止しています。当時、ビジネスシーンで当たり前に使われていたフロッピーは、ほどなく廃《すた》れてしまいました。

開発者の常識にとらわれず、ユーザーにとって不要なものは平気で外《はず》す。「選択と集中」と言ってしまえばそれまでですが、どこかジョブズ一流の美学を感じさせる発想ですね。彼は実にシンプルな言葉で、この美学を表現しています。

「何かに絞り込むということは、イエスではなくノーと言うことだ」

実行力が伴うことで、発想力が無敵になる

ユーザー視点、選択と集中。ここで取り上げたジョブズの発想法は、私たちが今すぐにでも真似できるものです。

しかし、それでもやはり我々がジョブズのようになるのが難しいのは、彼には凄《すさ》まじいまでの実行力が伴っていたからです。

実は、個人用のコンピュータをつくる、という発想をジョブズと同時代に持っていた人は何人もいました。実際、アップルⅡの後継機で、今でも伝説の名機とよばれる「マッキントッシュ」のもとになった技術は、ゼロックスの研究所で開発されたものです。

しかし、実際にパーソナルコンピュータの商品化までこぎつけることができたのは、ジョブズだけでした。

iPodにしても、同じような携帯音楽プレイヤーはすでにありました。けれどもジョブズは、主要な音楽レーベルをみんな説き伏せ、iTunesというシステムを含めた、音楽を楽しむ新たなライフスタイルを実現してみせたのです。

これは誰にも真似できない偉業でしょう。つまり、発想力ではなく、発想力＋実行力の総和《そうわ》がすごいのです。

かつてジョブズは、パソコンをアメリカ中の学校に配ろうという計画を立てました。ところが、法律上、寄附にあたって控除《こうじょ》されるのは原材料費だけということがわかり、予算上の壁にぶつかります。

この時ジョブズは、寄附を実現するために法律を変える、という方法を取ります。カリフォルニア州議会に働きかけて「子供たちは待てない法案」を通し、税制上の優遇を得て実際に9000台を配ったのです。

発想を実現するためには壁がある。それなら、法律を変えてでもそれを乗り越えてやろうという実行力。これがジョブズの発想力を輝かせたのです。

「発想力」についてのジョブズの言葉

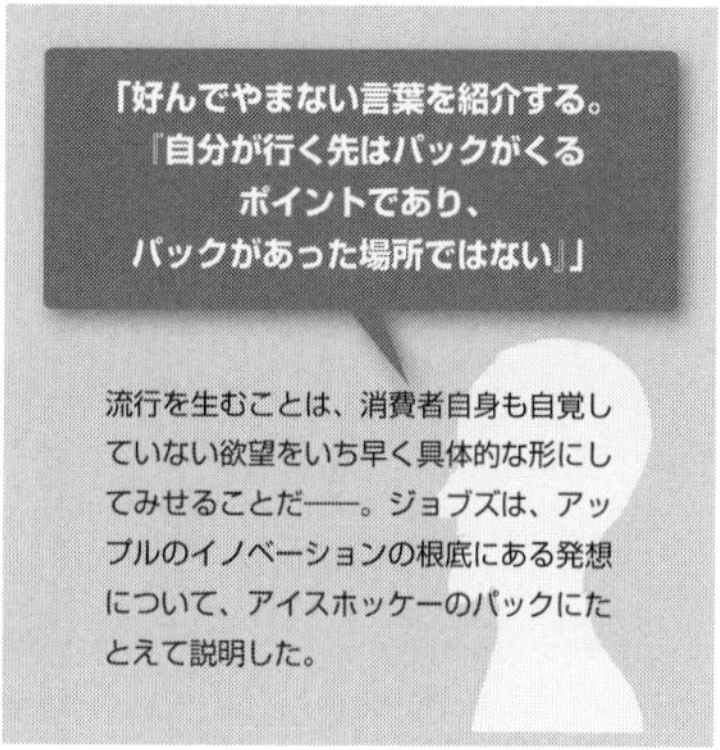
「好んでやまない言葉を紹介する。
『自分が行く先はパックがくる
ポイントであり、
パックがあった場所ではない』」
流行を生むことは、消費者自身も自覚していない欲望をいち早く具体的な形にしてみせることだ――。ジョブズは、アップルのイノベーションの根底にある発想について、アイスホッケーのパックにたとえて説明した。

資料：桑原晃弥著『スティーブ・ジョブズ名語録』（ＰＨＰ文庫）をもとに、編集部が作成

「ジョブズ流の発想」が
できる人 vs. できない人

できる人	できない人
相手の立場で考える	つくり手の自己満足に陥る
大事なもの以外は捨てる	あれもこれもと加えたがる
考えたことは実行する	壁に当たると考えを変える

資料：桑原晃弥氏へのインタビューをもとに、編集部が作成

「表紙」を変えれば、反応が大きく変わる

今でこそプレゼンテーションの名手として知られるスティーブ・ジョブズですが、もともとプレゼンが上手だったわけではありません。

それどころか、アップル創業間もない時期には、参加したコンピュータフェアで、誰にも相手にされないという憂き目を見ています。

若い頃のジョブズは、禅《ぜん》に傾倒して放浪生活を行なうようなタイプの青年でした。当然、身なりはきれいではありません。長髪、髭《ひげ》面の若者がむき出しの製品を並べているブースには誰も近づきませんでした。

そんなジョブズがプレゼンの重要性に目覚めたきっかけは、ベンチャーキャピタリストのマイク・マークラとの出会いでした。

「君は表紙を見て、本を買うべきか否かを判断するだろう？」

マークラの助言によって、ジョブズは人の目を惹《ひ》きつけるために必要なことに気づき始めたのです。

まず、服装を改めました。ウォズニアックとともに、スーツをきちんと着こなして人前に出るようになりました。25〜30歳頃のジョブズの写真を見て下さい。まるで映画俳優のように、服装や髪型に気を使っているのがわかります。

もちろん、商品を飾ることも忘れませんでした。コンピュータフェアにアップルⅡを出品した時は、わざわざプラスチックケースをつくってその中に収納していま す。ケースがあることで、「この製品は大量生産されているのだ」と思わせ、企業イメージを高めたわけです。

こうしてジョブズは、自分たちの会社と製品を効果的にプレゼンテーションしていく技術を、徐々に磨いていったのです。

「驚異のプレゼン」の根底にあるものとは？

スティーブ・ジョブズがそのプレゼンテーション力を初めて広く世間に見せつけたのは、1984年のマッキントッシュの発表でしょう。ステージ上でカバンからマックを取り出す。そのマックが喋《しゃべ》り、ジョブズを紹介する。こうしたパフォーマンスは当時では驚異的で、隅々《すみずみ》まで計算しつくされた見せ方も相まって、まさに伝説のプレゼンとなりました。この動画も一度はウェブなどで観ておくことをお勧めします。

　ただし、ここで注意しなければならないことがあります。マックのプレゼンにせよ、最近のiPadのプレゼンにせよ、ジョブズのプレゼンテーション技術ばかりに着目すると、最も重要なものを見落としてしまう、ということです。

　ジョブズは、こんなことを言っています。

「どんなマーケティングでも、駄作《ださく》をヒットさせることはできない」

　売るために会社や製品をよく見せる技術は必要だが、だからといって、品質の低い製品を売ることは不可能だ、と言っているのです。

　逆に言えば、ジョブズが最高のプレゼンをできるのは、最高の商品があるからこそ。少なくとも、主観的には「世界最高の商品だ！」とほれ込んでいるから、世界最高のプレゼンをしたくなる。当然、工夫もするし準備も徹底的にやる。身もフタもありませんが、これが「驚異のプレゼン」の根底にあるのです。

　ですから、もしもジョブズ並のプレゼン力を身につけたいなら、まずは心からほれ込めるプレゼンの素材（商品や企画など）を見つけるか、自分で開発しなくてはならない、ということになってしまいます。

写真：アフロ

写真：picture alliance/アフロ

30歳のころのスティーブ・ジョブズ。服装などに気を使わなかった青年が、プレゼンテーションの重要性に気づいてからは、身なりを一変させた

ジョブズの「プレゼン力」は、ここが違う！

1. その商品に心からほれ込んでいる
2. 「最も伝えたいこと」に絞り込む
3. 徹底して反復練習する

写真：AP/アフロ

製品の開発に事細かに指示をするジョブズは、誰よりも製品を知りつくしていた

写真：UPI/アフロ

1984年、初代マッキントッシュを発表するスティーブ・ジョブズ（左）とジョン・スカリー（右）

資料：桑原晃弥氏へのインタビューをもとに、編集部が作成

ジョブズのプレゼンと「世阿弥の能」の共通点

もちろん、そこまでほれ込めるものに出合っている人は少数派でしょう。しかし、ジョブズのように最高の商品を扱っていないから、ジョブズのプレゼンからは何も学べない、というわけではもちろんありません。純粋に技術的な面でも、学ぶべき点はたくさんあります。

たとえば、プレゼンの練習をすること。当たり前のようですが、実はプレゼンの練習をする人は少数派。パワーポイントで資料をつくるのに時間を取られて、イメージトレーニングをするくらいの人が多いのではないでしょうか。

ジョブズはプレゼンの前、徹底的に練習をするといいます。BGMや照明のタイミングをコンマ何秒単位で修正しながら、リハーサルを納得するまでくり返すのです。そこまでは無理でも、私たちもせめて1～2回は初めから終わりまで練習をすべきですし、それだけでプレゼンの質は劇的に向上します。

もう1つは、「離見《りけん》の見《けん》」を身につけること。これは世阿弥《ぜあみ》の言葉で、観客の目で自分を観るという意味です。

ジョブズのプレゼンが、ちょっとした視線の向け方、手の動かし方に至るまでなんともスタイリッシュなのは、この「離見の見」ができているからにほかなりません。

カメラで録画するなどして、相手の側から自分のプレゼンテーションを観る・聴く機会をぜひつくりましょう。

また、発想力と同様にここでも「絞り込むこと」が大事です。

ｉＰｏｄのプレゼンテーションでジョブズが語ったことは、要するに「１０００曲を収録して持ち歩ける音楽プレイヤー」ということだけです。ＭａｃＢｏｏｋ Ａｉｒのプレゼンでは、封筒とＭａｃＢｏｏｋ Ａｉｒだけを映《うつ》したスライドで、「世界で最も薄いノートパソコン」であることを見事にアピールしています。

ジョブズのプレゼンでは、商品の仕様だとか、搭載されている技術の説明だとか、「いかにも企業の新製品発表で言いそうなこと」はバッサリ切り落とされています。だからこそ印象に残るのです。最も重要なことが相手の心に届けば、それだけでプレゼンテーションは成功なのです。

もちろん、言いたいことだけを言って、相手から質問されたらしどろもどろになってしまう……などといったことではダメです。ジョブズは、誰よりも製品を知りつくした上でプレゼンをしています。細かい情報についても、答えられるように準備することが必要でしょう。

これらの努力は、今すぐ実行可能なものです。こうした地道な努力もまた、ジョブズのプレゼン力の欠かせない要素であると考えます。

「プレゼン力」についてのジョブズの言葉

「残る一生、ずっと砂糖水を売っていたいですか？それとも世界を変えたいですか？」

1983年に、当時ペプシの社長を務めていたジョン・スカリーに対してジョブズが放った言葉。アップルにきてほしいというジョブズの誘いに乗り気ではなかったスカリーは、ジョブズのこの挑発的ともいえる口説き文句に、アップル行きを決断したといわれる。

資料：桑原晃弥著『スティーブ・ジョブズ名語録』（PHP文庫）をもとに、編集部が作成

「ジョブズ流のプレゼン」ができる人 VS. できない人

○ できる人	× できない人
いい内容をさらによく見せようとする	内容がよければいい、と考える
商品を細部まで知りつくしている	実は、商品をよく知らない
大切なことだけ伝えようとする	重要でないことも全部伝えようとする

資料：桑原晃弥氏へのインタビューをもとに、編集部が作成

すごい！ 問題解決力 編

問題に直面した際の〝非常識な〟考え方

2000年に新しいOS「Mac OS X《テン》」を開発した際、ジョブズは取引先から手痛い「ノー」を突きつけられました。

長いつき合いのソフトメーカーに、「OS X」向けソフトの提供を断られたのです。

新しいOSを売り出すのに、必要なソフトがそろわないというのは大問題です。普通の経営者なら頭を抱えるところですが、ジョブズは違いました。

「オーケー、誰も助けてくれないなら自分たちでやるまでだ」

直ちにソフトを内製するという決断をし、問題を正面突破で解決してしまったばかりか、その後のソフト開発を通じて、ハード偏重だった自社の弱点を見事に克服してしまったのです。

この時に限らず、問題に直面した時のジョブズの態度には特徴があります。問題があるからといってあきらめず、むしろ、問題はあって当然というように、直ちに解決にかかるのです。ジョブズにとって、問題は超えられるものでしかありません。

実際、若い頃には「条件をのんでくれるまで帰らない」とゴネて部品メーカーに有利な価格と支払日をのませたとか、「マーケティングが弱い」という理由で出資を断わった相手に「じゃ、マーケティングがわかる人を紹介してくれ」と頼んだといった豪快な問題解決のエピソードは無数にあります。

乱暴なのですが、「問題があったら解決すればいい」という考え方がそれだけ徹底しているということ。ジョブズの問題解決力の土台は、このマインドでしょう。

ジョブズと本田宗一郎に共通する「問題解決法」

もちろん、精神論だけでは問題は解決できません。ジョブズの問題解決力の実質的な要素となっているのは、「助けてくれる人を発見する能力」だと私は思います。

ジョブズには、最高のパソコンをつくって世界を変える、というどうしてもやりたいことがありました。しかし、自分1人では最高のパソコンをつくることはできないこともよくわかっていました。そこでスティーブ・ウォズニアックと組んだわけです。

同様に、自分ではマーケティングができないので、ペプシの社長だったジョン・スカリーを引き抜いています。自分ができないなら、できる人を探して連れてくればいいのです。

面白いことに、日本でも伝説的な経営者が同じことをやっています。本田宗一郎は技術を持っていたものの営業や経営はわからないので、藤沢武夫を連れてきました。井深大《いぶかまさる》と盛田昭夫も、お互いの足りない部分をうまく補いあってソニーを築き上げています。

さらに言うと、トヨタでは新入社員に「他部署を含めて、タテ・ヨコ・ナナメの人間関係をつくれ」と教えます。これが困った時に助けてくれる人脈になるのは、言うまでもありません。

どんなに有能な人間でも、あらゆる問題に対処できるわけがありません。1人で問題解決を図るのは、基本的には行き詰まりの原因。誰に助けてもらえるかを知っている人こそが、問題解決の達人なのです。

若い世代の読者には、ジョブズのこの点をぜひ学んで欲しいと私は思います。ジョブズは完璧《かんぺき》な人間ではありません。MBA（経営学修士）を持っているわけでもなければ、ハーバードを出ているわけでもない。技術も中途半端です。しかし、自分に足りないものをちゃんと自覚していたために、ウォズニアックやスカリーの助けを得ることができた。

ジョブズが万能の天才タイプだったら、アップルはこれほどの大企業に成長したでしょうか。

ちなみに、松下幸之助もまた、学歴がない、金もない、体力もない、というないないづくしの起業家でした。実力に不釣合いな高い目標を掲げていたという点も含めて、スティーブ・ジョブズとよく似ています。

あまり指摘されないことですが、ジョブズは日本の名経営者たちと共通する点を多く持っています。その意味で、実は日本のビジネスマンが参考にしやすい人物なのかもしれません。

未来は予測できなくとも〝今の努力〟はできる

さしものスティーブ・ジョブズも、さすがにキツかっただろうと思われる時期が

アップルの共同創業者スティーブ・ウォズニアック。ジョブズは天才的な技術者である〝もう1人のジョブズ″と組むことで、アップルを築き上げた。写真は自身の手による自伝（『アップルを創った怪物』スティーブ・ウォズニアック著／井口耕二訳・ダイヤモンド社）

コンピュータを売ろうと思い、ピクサーを買収したものの売れずじまい。ところが、そのコンピュータから生まれたアニメが大ヒット。この強運も、ジョブズの持つ問題解決力の1つかもしれない

ジョブズの「問題解決力」は、ここが違う！

1. 問題を解決できる「課題」と考える
2. 自分よりも優れた能力を持つ人の力を借りる
3. あきらめずに全力をつくす

問題を「当然解決されるべきもの」ととらえるマインドが、ジョブズの問題解決力を支えている

写真：アフロ

資料：桑原晃弥氏へのインタビューをもとに、編集部が作成

あります。アップルから追放された後、経営するピクサーとネクストがともに経営不振にあえいでいた時期です。

両社はともにハードウェア部門が主力だったのですが、売却せざるを得なくなりました。ピクサーのアニメ制作部門と、ネクストのソフトウェア開発部門だけがジョブズの手元に残ることになったのです。

シリコンバレーではもはや「過去の人」となりかけたジョブズですが、思わぬところに活路が開けます。ピクサーの『トイ・ストーリー』が大ヒットして映画業界で大成功を収めたばかりでなく、ネクストのソフトウェア部門を高く評価したアップルが買収。それでアップルに劇的な復帰を果たした、というストーリーは有名ですが、いずれも、もともとは本命でなかった事業が成功したわけです。

ここには、ジョブズの問題解決力のもう1つの要素、巡ってきた運をつかむ能力が現れています。

人生は計画した通りには絶対に進みません。確かに計画を立てることは必要ですし、「目標達成の日付を決める」といった方法も時には有効でしょう。けれども、基本的には偶然に偶然が重なるのが人生です。

たとえば、インターネットの登場を誰が予測できたでしょうか。若き日のスティーブ・ジョブズやビル・ゲイツでさえ、予期できなかったことのはずです。けれども、2人はともにこの偶然を生かして成功しています。

未来は予測不能ですが、だからこそ、いつどんな運が巡ってくるかわかりませ

「問題解決力」についてのジョブズの言葉

「イエスではなくノーと言うことだ」

アップルに復帰したジョブズは、およそ40種類の製品の数を一気に4種類に減らす。魅力的な製品を生み出すには、大胆な「選択と集中」が必要だと考えたのだ。「楽な仕事じゃなかったよ」とジョブズは語っているが、そこからアップルは再生していく。

資料：桑原晃弥著『スティーブ・ジョブズ名語録』（ＰＨＰ文庫）をもとに、編集部が作成

「ジョブズ流の問題解決」が できる人 vs. できない人

○ できる人	× できない人
問題はあって当たり前と考える	問題に直面すると混乱する
問題を解決してくれる人を探す	自分1人で解決しようとする
自分が今できることをやる	手詰まりになるとあきらめる

資料：桑原晃弥氏へのインタビューをもとに、編集部が作成

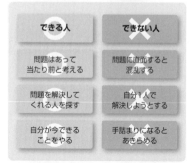

ん。だから、運が巡ってきた時のために準備を怠《おこた》らない努力が必要です。ジョブズの場合は、たとえばジョン・ラセターを雇い続けたことがそうです。ただでさえ経営が苦しい中で、まったく利益を生み出さないアニメーション作家を切り捨てなかった。だからこそ、『トイ・ストーリー』以降の大ヒットが生まれたのです。

努力しながら幸運を待つ。これもまた、立派な問題解決法なのです。

※本特集は、『THE 21』2011年11月号〝スティーブ・ジョブズは「何」を変えたのか?〟から抜粋、再構成したものです。

PART 1

結果を出すための
〝ジョブズ流 神のスピード術〟

①限界を超えるほど仕事に打ち込め。成功は後からついてくる

名機マッキントッシュは、13時間労働から生まれた

すごい仕事をするにはまず自分の限界を破る必要がある。どうすれば破れるのか?

1980年代、ジョブズはパソコンの歴史を変えることになる名機マッキントッシュ(マック)の開発に取り組んでいた。その時、開発チームのメンバーは「週90時間労働、大好き」とプリントされたTシャツを着ていたという伝説がある。土日祝日なしで毎日13時間のすさまじいペースだ。

実際には18時間ぶっ通しのこともあったようだ。週7日間、2~3年働いた。「それが僕らの生活だった。でも、みんなそれを楽しんでいた」と述懐している。

そこまで仕事に打ち込むとどうなるか。古参社員の1人アンディ・ハーツフェル

ドは、ビデオゲームが必須《ひっす》アイテムだったと言う。疲れたらゲームをやってアドレナリンを沸き立たせて再び仕事に臨むのだ。だが、やがて、いつもは簡単にクリアできるレベルがクリアできなくなる時がくる。そうすると「ああ、もう限界なんだ」と少し眠るのだという。

ジョブズはｉＰｏｄやｉＰｈｏｎｅなどの世界的ヒットを生み出したが、自分のキャリアの絶頂期は、マックチームと猛烈に働いていた時だと言っている。逆に言えば、マックで仕事をきわめたからこそメガヒットを出し続けられたのだ。

好きなことを仕事にするか？　仕事を好きになるか？

そんなハードワークに耐えられたのは、ジョブズたちが「世界を変えるコンピュータをつくる」という理想に燃えていたからだ。人生を捧《ささ》げていいとさえ感じていた。

「ワークライフバランス（仕事と生活の調和）」という見地からすれば、人生を仕事に捧げるなんてバカげているように見えるかもしれない。

だが、本当にそうだろうか。好きな仕事や夢のある仕事に出合ったら、誰だってすべてを惜しまず打ち込むはずだ。

それは強制ではない。好きなことを仕事にするか、仕事を好きになるかという選択肢があるからだ。どちらかを選べるのだ。

ジョブズの好敵手でマイクロソフトを創業したビル・ゲイツは、若い頃は夜中の2時が一番仕事に集中できたと言った。ジョブズを尊敬するグーグル創業者のラリー・ペイジとサーゲイ・ブリンは、1週間分の食料を買い込んで会社（当時はガレージだった）にこもって仕事に取り組んだ。

共通するのは、成功したくて働いたわけではないことだ。まずは仕事に打ち込むことが大切だ。成功はその後についてくる。

これが
ジョブズ流①

最初は質が伴わなくても、非効率でも、とにかく量をこなす。すると、働いた量が質（能力）に必ず転化する。そうなればしめたものだ。猛烈労働を一生続けるわけではない。高い能力を獲得すれば、短時間でレベルの高い仕事ができるようになる。

量をこなすことで仕事の質を一気に高める

毎日13時間
土日祝日なし！
週90時間労働
大好き
限界を突破することで
すごい能力が身につく

好きなことを仕事にする
仕事を好きになる
仕事に打ち込み、圧倒的な量をこなす

短時間でレベルの高い仕事をせよ！

② スピードにこだわれ。常識を覆す速さが信じられない結果を出す

3カ月かかる仕事を「ひと晩でやれ」と言ったジョブズ

成果を上げるための最も大切な要素はスピードだ。ジョブズは、その感覚を若い頃から磨き続けてきた。

大学を卒業してゲームメーカーのアタリ社に就職した時からそうだった。ジョブズは夜勤エンジニアにすぎなかった。しかも周囲の人間を「どうしようもない間抜けども」とバカにしてイラつかせるような生意気な若造だった。しかし、アタリ社の創業者ノーラン・ブッシュネルは、彼を高く評価していた。理由はこうだ。

「ジョブズは何かをやりたいと思うと、数カ月あるいは数年という単位ではなく、数日あるいは数週間の予定で取り組んだ」

ジョブズは当時からスピードに執着していた。人並み以上に速いだけではダメで、隔絶《かくぜつ》した速さを自分自身に課していた。

やがてジョブズはアタリ社を辞めてアップルを創業、さらにアップルを一時追放され、10年後に復帰する。

アタリ社時代から約15年たって、スピードへの執着は磨きがかかっていた。

たとえばヒューレット・パッカード（ＨＰ）から移ってきた副社長ジェフ・クックから「変革のための３カ月計画」の説明を受けている途中、話をさえぎって言った。

「ジェフ、それは君のＨＰ時代のやり方かもしれない。だが、僕は、３カ月なんて頭は持っていないんだ。僕はね、ひと晩で成果を上げて欲しいんだよ」

非常識な期日設定が、不可能を可能にする

いい仕事をするには時間が必要だ。しかし、だからといって「急ぎすぎだ。もっと慎重に」と言いすぎるのは問題である。何を基準に「急ぎすぎ」と言うのだろうか。前例や思い込み、失敗したくない心理にとらわれているだけのことが多い。

1年かかると思ったら、あえて「半年」「3カ月」と言ってみよう。妥当な短縮なら普通の知恵が出るだけだが、不当なほど短縮されると、ものすごい知恵が出るし、ムダも次々と見つかるものなのだ。

ジョブズはいつもそうやって人に知恵を絞らせ、ムダを省《はぶ》いて、不可能を可能にしてきた。

もちろん、短すぎる期日設定で混乱を招き、チームを外されたりしたこともある。だが、外されたら別のチームをつくればいいというのがジョブズだった。

時間は誰にとっても最大の制約条件だが、制約の中で成果を上げてこそ評価される。常識的な時間単位を捨ててみよう。

これが
ジョブズ流②

「年」は週や日で、「月」は時間や分で考えてみる。みんなが「1年」と言うのなら、「半年でできないか」「3カ月でどこまでできるか」と発想する。そこから「どうすれば」できるかを考える。それがスピード感覚を磨く最短の方法だ。

不可能を可能にする超時間短縮術

ひと晩で成果を
上げて欲しい！
成果を上げる
ために必要な
のはスピード
1年かかるかな……
3カ月で
取り組んでみよう

知恵が出る。ムダが見つかる

常識的な時間単位を捨てよ！

③ まずはやってみよ。やることからすべては始まる

シェア5%からスタートしたビジネスが大成功

何かを始める時は2つの方法がある。最初から大きく打って出るやり方と、最初は小さく始めて、「行ける」となったら一気に行くやり方だ。ジョブズは両方を使い分けた。大切なのは「まずやることだ」という本質を外さなかった。

大きく始めた代表がマッキントッシュ発売時のテレビCM「1984」だった。全米が注目するアメリカンフットボールの決勝戦「スーパーボウル」の中継中に、たった1回流すために100万ドルという莫大な費用をかけた。

結果は大成功。大変な話題になり、各メディアでくり返し報道され、一夜でアップルを超有名企業にした。

小さく始めた代表が、音楽業界の五大レーベルの全楽曲を網羅《もうら》したiTMS（i

Ｔｕｎｅｓミュージックストア。現在のｉＴｕｎｅｓストア）だ。

普通は、５億人のパソコンユーザー全体を対象にする。だが、ジョブズは全体の５％（２５００万人）しかいないマックユーザーだけを対象にしたのだ。わざわざパイを小さくする非合理的な選択に見えた。

だが、それは五大レーベルを説得する大きな武器だった。違法ダウンロードを警戒する五大レーベルを、ジョブズは「まずはマックでやらせてみてくれませんか。シェアはたった５％なのです。たとえ問題が起きても影響は知れているじゃないですか」と安心させ、口説き落としたのだ。

５％からスタートしたビジネスは大成功を収めた。そこからジョブズは配信の拡大を始め、残り95％を加えて１００％を占める巨大ビジネスに育てたのだ。

迷ったら「まずやる」

スタート時に迷ったら、「まずやる」を合い言葉にするといい。おのずから小さくスタートすることになるだろう。リスクが小さくてすむからだ。

ジョブズには、独創的な製品で一気に世界を変えてしまう派手なイメージがある。だが、必ずしもそうではない。準備に長い時間をかけ、小さく始めることも多い。

ジョブズとは対照的に見える日本のトヨタ自動車に「モデルライン」という方法がある。改革を始める時、すべての生産ラインでやるのではなく、モデルライン限定で始めるのだ。こうすれば何が問題かもわかるし、その改善ができる。そして「これで大丈夫」となったら全体に拡大するのだ。

派手なジョブズは、そういう地味なやり方も十分に心得ていた。

これがジョブズ流③

まずは小さくていいからやってみる。考えているだけ、議論しているだけではわからないことが、やれば見えてくる。大きくやることにこだわって全部をあきらめるより、一部分でもやり始めれば、それが革命につながるかもしれない。

大切なのは「まずやること」

迷ったら一部分からでも始めてみよ！

④ 自分を大きく見せよ。小さくまとまってはつまらない

アップルの快進撃はここから始まった

ビジネスは、実力とブランドのバランスが取れてこそ大きく成長する。ジョブズもアップルを世界ブランドにするために、早い時期から発信戦略を取っていた。

アップルは、ジョブズと、天才技術者スティーブ・ウォズニアックが創業、直後に年長の実業家マイク・マークラが参加して法人化、会社としてスタートを切った。

だが、ジョブズとウォズニアックは、当時のヒッピー文化の影響を受けていたこともあり、外見に無頓着《むとんちゃく》すぎた。特にジョブズは風呂にも入らず裸足《はだし》で歩き回り、「汚い」「臭う」と言われるほどだった。

そんな2人に「君は表紙を見て本を買うかどうかを判断するだろう」と、外見の

大切さを教えたのがマークラだった。特に、製品を広める最大の機会であるコンピュータフェアではきちんとした身なりをするよう求めた。ブースも大金をかけて飾った。

ジョブズは、ナンバーワンになる道は、ナンバーワンとして行動し、周囲に印象づけることが大切だと学んだ。

ジョブズは、自分の身なりを整えるだけでなく、コンピュータの身なりも整えた。

アップル最初の製品アップルⅠはマニア向けで無愛想だった。ユーザー自身がケースを用意し、組み立てる必要があった。ジョブズは、後継機のアップルⅡは家電製品のように一般向けで便利な製品にしたかった。どうしてもコンピュータをプラスチックケースに入れたかった。利便性が増す上に、印象が断然よくなるからだ。

次のコンピュータフェアで、ジョブズはプラスチックケース入りのアップルⅡを展示した。それは他社を圧倒した。アップルは創業後わずか数カ月だったが、すでにパソコンを大量生産している会社に見えた。アップルの快進撃は、ここから始まった。

控えめすぎてはつまらない。時には自分を大きく見せよ

「若輩者だから」「小さな会社だから」といつでも控えめな人がいる。確かに分相《ぶんそう》応《おう》であることも大切だ。過大な見栄《みえ》を張る必要もない。

しかし、控えめすぎては、いつまでたっても自分の身の丈《たけ》を超えられないだろう。大きくなりたいのなら、少なくとも気持ちは大成功者であるほうがいい。

中身のない空威張りは空しいが、ある程度の自信があり、絶対に大きくなってみせるという強い意欲があるのなら、思い切って自分を大きく見せるほうがいい。ジョブズはその後も広告に多大な費用をかけるなど、ブランド戦略を進めていく。

これがジョブズ流④

「いつか誰かが気づいてくれる」場合もある。だが、それでは間に合わない場合のほうが多い。自信があるなら、発信することだ。まず見てもらう。次の勝負は中身があるかどうかだが、それも、見てもらって初めて可能になることなのだ。

ナンバーワンの立場で考え、行動する

コンピュータフェア
でアップルⅡを発表
プラスチック
ケースのおかげ
で快進撃

うちの会社は
まだ小さいから
自分はまだ
若輩者だから

時には見栄を張り、ハッタリをかますことも必要

自信があるなら勝負に出よ！

⑤ 焦点を絞り込め。会議・交渉では重要事項だけを議論する

IBMのつくった契約書を、ゴミ箱に捨てたジョブズ

会議や交渉でテーマを絞ることはとても大切だ。焦点が定まらないと、時間の浪費に終わることが多い。

ジョブズは、アップルを追放された1985年にコンピュータ会社ネクストを創業した。同社が開発したハード「ネクストキューブ」や「ネクストステーション」は売れなかったが、オペレーティングシステム（OS）の「ネクストステップ」は斬新で注目を浴びた。

巨大企業IBMもネクストステップに目をつけ、ライセンス契約を希望した。ところが、ジョブズはその契約書をゴミ箱に捨てている。理由はIBMの作った契約書が100ページを超える厚さだったからだ。

何百という項目について取り決めるのが常識のアメリカでは普通の契約書だった。しかしジョブズは、５～６ページのシンプルな契約書にしろと要求した。

　このようにジョブズは、問題をシンプルに絞り込むのを好んだ。仕事には膨大な些事《さじ》がつきものだが、逐一《ちくいち》検討するのはムダだ。本当に重要なことだけ徹底的に議論して決定すれば、些事はおのずから決まっていくと考えていた。

　ジョブズは１９９６年に特任顧問としてアップルに復帰し、翌年暫定《ざんてい》ＣＥＯ（最高経営責任者）となり、２０００年にＣＥＯに正式就任している。

　復帰に当たってジョブズがまずやったことの１つが、マイクロソフトとの長期の特許訴訟の終結だった。ジョブズはマイクロソフトに「重要事項はこれだけだ」と、ごくわずかな項目だけを示した。

　それまでのアップルＣＥＯは膨大な項目をマイクロソフトに突きつけてきた。それをいっさいやめ、重要事項についてのみ話し合い、一気に解決する手法である。両社の歴史的和解と協力は、こうしてもたらされた。

限られた時間の中で、最大の成果を上げるには？

会議や交渉では焦点がぼけてしまい、細かい話がだらだら続いたあげく、結論が得られなかったりすることがよくある。

限られた時間の中で成果を上げるためには、まず焦点を本当に重要なものだけに絞り込むことだ。「あれも話そう、これも議論の必要がある」といった声は、ある程度無視したほうがいい。

焦点を絞れないのは内容をきちんと理解しておらず、優先順位がつけられないからだ。逆に言えば、焦点を絞る過程で、内容の理解を深めれば、優先順位をつけることができるようになる。

これがジョブズ流⑤

会議や交渉に臨む時は、常に重要事項は何かを問いかけるといい。その場の流れに身を任せないことだ。話す時や文章をまとめる時も同じだ。焦点さえ絞ってしまえば、あとはそれを外しさえしなければ、短くてわかりやすい話や文章になる。

交渉は焦点を絞り込み、一気に解決！

→ 重要事項を絞り込み、徹底的に議論

何も決まらない会議

↓

焦点を絞り込み、時間を決める

優先順位を決めてムダな時間を省け！

⑥ 強みに集中せよ。ムダを省けば大切なことだけが見えてくる

「選択」と「集中」で大ヒットしたｉＭａｃ

成果を上げるためにも、絞り込みが重要だ。「何でもやる」「片っ端からやる」ではダメである。絞り込んだ上で、強みに集中することが必要だ。

ジョブズが追放されている間にアップルは、赤字続きで独創性のないダメな企業に転落していた。変わりばえのしない製品の種類ばかりが増え、「これは」という売れ筋がなくなっていた。

復帰したジョブズは製品を絞り込んだ。それも、なんとわずか4種類にした。

さすがに反対論が続出した。しかしジョブズは、「みんながやっている」「もう少しで利益が出る」という大合唱を封殺《ふうさつ》した。そんな理由はどうでもよかった。大切なのは、くだらない製品と、手がけるべき製品を明確に分け、アップルが本当に得

意とする分野に集中することだ。

「世の中にはいろいろな製品があるが、私は自分たちが手がけなかった製品についても、手がけた製品と同じくらい誇りに思っている」と周囲を説得した。

社内に分散していた優秀な人材が集中した結果、素晴らしい製品が生まれた。美しいカラーとフォルムで大ヒットしたパソコン・iＭａｃだ。アップルは危機を脱し、世界一の企業へとステップを上り始める。

後年、ある世界的スポーツ用品メーカーのＣＥＯが、ジョブズに経営アドバイスを求めたことがある。ジョブズは「編集が必要だ」と答えた。

その会社には、みんなが高いお金を払っても欲しくなる製品がいくつもあった。だが一方では、どうでもいい製品も山とあった。編集とはダメな製品を捨て、すぐれた製品に集中せよというアドバイスだった。

まず捨てる。あとには大切なものだけが残る

私たちは日々たくさんの仕事をしているが、そのすべてが大切なものだとは限らない。ムダも多い。忙しくしていても、ムダに追われているだけでは仕事とは言え

ないだろう。私たち自身にも編集が必要だ。

生産現場の基本の1つに5S《ごエス》がある。整理・整頓・清掃・清潔・しつけのことだ。5Sのできていない現場は生産性が上がらず、事故や不良品の発生率も高い。

その5Sも、まずは捨てることからスタートする。「何カ月も使っていない」「今後も使う予定がない」「やめてもお客様が困らない」を基準に捨てていく。あとには本当に大切なものだけが残る。それに集中すれば、生産性はおのずから上がる。事故や不良品も目に見えて減っていくのである。

これがジョブズ流⑥

捨てるには勇気が必要だ。いざ捨てるとなると、どうしてもあれこれ理由をつけて捨てたくなくなる。まずは捨てる基準を決めることだ。それに沿って一律に捨てていくとよい。「何をやるか」以上に、「何をやらないか」が重要になる。そう考えよう。

本当に得意なこと、大切なことに集中する

やる必要のない仕事をやっていないか

↓

改善する　やめる　捨てる

↓

本当に必要なことが見えてくる

捨てる勇気を持て！

⑦「自分にない力を持つ人」を選べ。仲よし倶楽部では成長しない

天才ウォズニアックを引き入れるために、親兄弟を口説く

仕事の最大の要素は「人」である。多くのことが自分1人では実現できない。どんな人間を求め、どう協力させるかが仕事を決める。

ジョブズは全力で人に惚《ほ》れ込み、必死で口説き、しかもダメとなれば容赦《ようしゃ》はしない人間だった。技術者でも経営者でもなかったが、自分のビジョンを実現するために有能な人間を仲間に引き入れる天才だったのだ。だから成功した。

最初の仲間はスティーブ・ウォズニアックだ。年長だが気が合った。ウォズニアックが独力で開発したアップルⅠを売る会社をつくる時、ジョブズはこう誘った。

「自分の会社が持てるよ。自分の会社が持てる一生に一度のチャンスだ」

親友と2人で一緒に会社を始める楽しさにウォズニアックは乗り、ガレージを社

屋にアップルを創業したのだった。そして、最初のヒット製品アップルⅡが生まれる。

ただし、ウォズニアックにとってアップルは副業にすぎなかった。創業後もヒューレット・パッカード（HP）に勤め続け、辞める気はさらさらなかった。アップルを法人化する時、マイク・マークラはウォズニアックがHPを辞めて会社に専念することを求めた。だが、安定を望むウォズニアックは激しく抵抗した。マークラは仕方ないと考えたが、ジョブズはあきらめなかった。ウォズニアックではなく、彼の両親や兄弟、友だちを説得した。ウォズニアックは、彼らからひっきりなしに電話で「やるべきだと思うよ」と言われ、ついに数日後、HPに辞表を提出したのだった。

いざという時に、助けてくれる友人を持つ

人にはそれぞれ強みと弱みがある。成果を上げるには強みに集中するのが一番だ。問題は、自分の強みだけでは達成できない場合にどうするかだ。

成果を上げたい、自分のビジョンを実現させたいという思いが弱ければ、そこで

あきらめて終わりだ。しかし、思いが強ければ仲間を探すほかはない。

本田技研工業の創業者・本田宗一郎は、天才技術者ではあったが、経営や営業はからきしダメだった。そこで、自分の夢を実現するために、経営と営業に才を持つ藤沢武夫を仲間に引き入れる。それが今日のホンダのスタートだった。

勉強してなんでもできるようになるよりも、いざという時に助けてくれる友人をつくるほうが大切だと本田は言っている。

これが ジョブズ流 ⑦

1人の能力では限界がある。だが、2つの才能、3つの才能が集まれば、可能性はうんと広がってくる。いろんな問題を解決することができる。自分ももちろんフルに能力を発揮するが、その不足を補ってくれる人を仲間に引き入れることが大切だ。

「自分にないものを持っている人」を求める

ウォズニアックを口説くジョブズ

自分だけでは達成できない夢をどうするか

↓

協力してもらえる仲間をつくる

いざという時に、助けてくれる友人を持て

⑧ 毎日自問自答せよ。「自分が本当にやりたいことはこれか?」

ギリギリの状況でも妥協しない。満足いくまで徹底的にやる

自分の仕事を完璧《かんぺき》にやり遂げるのは難しい。まして仲間に完璧を要求するのは困難だ。時には妥協せざるを得ない。時間不足などで「もうムリ」となることも多い。だがジョブズには、「困難」「妥協」「ムリ」という言葉はないようだ。ギリギリの状況でも安易に妥協せず、完璧を求め続ける。その執念はすさまじい。

1980年代前半、ジョブズはマッキントッシュの開発に取り組んでいた。そんなある日、ジョブズは開発チームのミーティング中に、紙に書かれたスローガンを示した。そこにはこうあった。

「妥協するな」「急いでできそこないを発表するよりは、期日を遅らせるほうがましだ。だが、予定を遅らせるつもりはない」

ここにジョブズの考え方が表れている。完璧主義のジョブズも、製品を期日通りに出荷することの重要さは理解していた。しかし、つくるのなら最高の製品をというビジョンも変えたくなかった。

メンバーが対応するしかなかった。長時間労働を、1日12時間、13時間……と増やしたのだ。だが、ジョブズの情熱は、それを強制労働ではなく、メンバーのキャリアの絶頂期に変えたのだからすごい。

ジョブズはアップル追放中の1986年に、CG（コンピュータグラフィックス）アニメ制作会社ピクサーの会長兼CEOにもなっている。そこには信頼する天才アニメ監督ジョン・ラセターがいるから、アップルほど口は出さない。それでも制作中の作品のラッシュ（試写）に少しでも不満があると、「お前たちがやりたいのは本当にこんなことか」と挑発する。

後悔するような妥協はするな、本当に満足するまで徹底的にやれと言うのだ。

「本当にこれでいいのか」と自問する。そこからベストの仕事が生まれる

仕事をしていると、どうしても妥協せざるを得ない時がある。誰でも妥協などし

たくはない。しかし、時間や予算の不足に悩み、人や素材の制約に縛られて「このくらいでいいか」「もう十分だろう」と、つい自分に言いわけをしてしまうのだ。

もし、そんな時に「お前たちがやりたいのは本当にこんなことか」と言ってくれる上司がいたとしたら、どうだろう。その瞬間は厳しいけれど、きっと満足のいく仕事ができるはずだ。

そんな上司はそういない。また、上司に言われてやるのには抵抗もあるだろう。だったら「自分がやりたいのは本当にこんなことか」と自問自答すればいいのだ。

これがジョブズ流⑧

完璧を追う気持ちだけは持ち続けることが必要だ。人は限界に挑戦することで、初めて限界を突破することができる。「やりたいのは本当にこんなことか」と自問して「違う」と思えば、「あとちょっとだけ」がんばる。そんなくり返しを通して人は成長していく。

小さな点にも妥協せず、「最高のもの」をつくる

挑戦し続けることで人は成長する

常に「自分のやりたいことはこんなことか？」と問いかけてみよ！

⑨ 仕事仲間を好き嫌いで選ぶな。能力主義が成功への近道

優秀なチームをつくるために、優秀な人材を引き抜く

いくら人が大事だといっても、無能な人と組んでは仕事は伸びない。有能な人、それもとびきり優秀な人と組みたいものだ。

ジョブズもAプレーヤー（Aクラスの能力を持つプレーヤー）を好んだ。選び抜いたAプレーヤーでチームを組めば、絶対にすぐれた製品をつくれる。そういう信念で人を選んだ。ここでも妥協はなかった。

それはマッキントッシュの開発中に端的に発揮された。

開発の初期段階の頃、アップルⅡチームで働く古参技術者アンディ・ハーツフェルドのもとをジョブズが突然訪ねてきた。そして、こう問いかけた。

「君は有能か？　われわれは本当に優秀な人材だけにマックの仕事をして欲しいと

思っているんだが、君が十分に有能かどうかまだ知らないんでね」

ハーツフェルドが「有能だと思う。マックでも素晴らしい仕事ができるだろう」と答えると、ジョブズは数時間後に再び現れた。そしてハーツフェルドのパソコンの電源を引き抜き、ハーツフェルドともども自分の車に乗せて、別の建物にあるマックチームへと連れて行ってしまった。

ジョブズは同様の方法でアップルの内外から人材を集め、優秀なチームをつくっていく。それがマッキントッシュ成功の秘密の1つだった。

性格で選ぶな！　能力主義に徹せよ

ジョブズにとって、自分のビジョンを実現してくれる人材の発掘は最も大切なことだった。

発掘し、集めたAプレーヤーは、絞り込んだプロジェクトに猛烈に集中させる。そうやって、もともとすぐれた能力をさらにものすごく引き出す。それがジョブズの方法だった。

ジョブズがアメリカを代表する経営者だとすれば、アメリカを代表する投資家は、ウォーレン・バフェットだろう。

そのバフェットも、こんなことを言っている。「すぐれた人間、尊敬できる人間と働くと自分も向上できるが、自分より劣る人間とつき合うと人生を滑《すべ》り落ちていくだけだ」と。

分野は違っても、業界を代表する人間が言うことは不思議と似通《にかよ》っているものだ。

人間は感情の動物だから、好き嫌いや、合う合わないがある。だが、好きな人、合いやすい人間ばかりと組んでいると、すぐに限界がくる。自分にない能力を持っている人と組むほうがいい。

これが ジョブズ流 ⑨

Aプレーヤーは、必ずしも世間的なエリートである必要はない。ジョブズが選んだAプレーヤーの多くは、有能だが他の会社ではハミ出しがちな人だった。大切なのは能力と、仕事に対する姿勢だ。人選びでは、そこをしっかりと見きわめたい。

いいチームをつくるために妥協しない

技術者ハーツフェルドを突然訪ねたジョブズ

君は有能か？
有能だと思う

→ 引き抜いて自分のチームに入れる

尊敬できる人間と働くと向上できる。自分より劣る人間とつき合うと人生を滑り落ちる

ウォーレン・バフェット

↓

自分にない能力を持っている人間と組む

ビジネスでは、人を好き嫌いで選ぶな

⑩ ビジョンを語れ。人を動かすには高い理想が必要だ

ジョブズの殺し文句は「最高の製品をつくろう」

人を動かすのはとても難しいことだ。どうすれば動いてくれるのか。たくさんの報酬か。権力によるさらなる強制か。違う。人は報酬や権力だけでは動かない。納得と理解、そして何より自分から動きたくなる動機づけが欠かせない。

ジョブズは、マッキントッシュ開発チームにAプレーヤーだけを集めた。だが、報酬はそれにふさわしい額とは言えなかった。メンバーの多くが20代だったこともあり、最低ランクの年収3万ドル程度だった。

彼らは引く手あまただったはずだ。なのになぜ、低い報酬で週80時間から90時間もジョブズの下で働いたのだろうか。

それが動機づけだった。

ジョブズは、よくあるように「ライバルを出し抜け」とか「最大の利益を上げろ」とは言わなかった。ただ、こう激励した。

「技術的にも芸術的にも、あらゆる領域で最先端となる最高の製品をつくろう」

「君たちは技術と文化を融合させるアーティストだ」

勝負を競ったり、儲《もう》けを追ったりするのではなく、世界を変える仕事をするのだ。

自分の仕事が世界を変えることになる。この言葉が、若いAプレーヤーの心に火をつけた。奮い立たない者はいなかった。その結果が、考えられないほどのハードワークだったのだ。

実際、ジョブズは彼らをアーティストとして扱い、「芸術家は作品にサインするものだ」と言って、パソコンのケースの内側にみんなのサインを刻んでいる。

人は権限だけでは動かない。説得と納得が必要

人を動かす立場に立つと、その難しさに悩むことになる。「どうしてみんな言うことを聞いてくれないのだろう」と多くの人が頭を抱える。

ある人が工場の改革担当者になった。ところが、反対する人があまりに多い。誰も言うことを聞いてくれないことに困り果て、社長にこう直訴《じきそ》した。

「私の権限をもっと広げて下さい」

権限が狭く、弱いから人を動かせないと思ったのだ。だが、社長はこう答えた。

「人は権限だけでは動かない。説得と納得が欠かせない」

報酬や権限も不可欠だが、本気で人が動くには納得がなければならない。「なぜ、なんのために自分はこの仕事をするのか」という納得が動機になって、人は動く。そのためには粘り強く説得することが必要だと、社長は改革担当者を諭《さと》したのだった。

これがジョブズ流⑩

仕事は「命令されたからやる」だけではない。それでは通り一遍のことしかできず競争から脱落していく。ジョブズの「世界を変える仕事をしよう」ほどの動機づけは難しいにせよ、人を動かす時には、高い理想を掲げることが案外大切なのだ。

すごいビジョンで相手を魅了する

最先端となる
最高の製品を
つくろう
若い技術者たち
のハートに火を
つける

私の権限をもっと
広げて下さい
人は権限だけ
では動かない。
説得と納得が
欠かせない

「なんのために自分は働くのか？」が必要

高い理想を掲げ、語りかけよ

⑪ 「できません」を認めるな。無理なら他の人に頼め

「ノー」と言われたら、「イエス」と言う人材を探せ

困難に直面した時、どうすればできるかを考えるより、できない言いわけを考えるほうが簡単だ。しかし、言いわけをしても前には進めない。進むには、どうすればできるかを考えることが必要だ。

そのためには、言いわけに「ノー」を突きつけることが大切になる。

ジョブズがそうだった。自分が本当にやりたいことに関しては、どんな言いわけにも絶対に「ノー」を言った。資金不足を言われれば、お金を出してくれる人を何がなんでも探した。技術的な壁を言われれば、代わりに「できますよ」と言う人を探すまでのことだ。

マッキントッシュ開発の時、ジョブズはケースについてある難しいビジョンを示

した。技術者たちは口をそろえて不可能だと言った。だが、ジョブズは決して聞き入れなかった。最初は「君ならもっとうまくできるはずじゃないか」と励ましていたが、それでも不可能だと言いつのられ、ついにこう言い放った。

「そんなはずはない。君ができないなら誰か他にできる人間を探すさ」

結果的にジョブズの望み通りのものが完成した。

こういう「ノー」がくり返される中で、マックの革新性は磨かれていったのだ。それは、マックの特長の1つとも言えるマウスから、基板のハンダづけにまで及んだ。

全員が「できない」と言うのは、不可能の証明ではない。そんな程度で不可能が決まるのだったら革新などできない。どこかに「できる」と言う人材が絶対にいる。ジョブズには、そう信じる強さがあった。

「できません」を認めるな。人は追いつめられてこそ知恵を出す

ある大手企業の若手社員が、上司から生産現場の改善を指示された。とても難しい改善で、周囲に知恵を借りようとしても、誰もが「ムリだ」と答えた。若手社員

は、自分だけではなく誰もができないのだから不可能だと考え、「なぜできないのか」を筋道立てて整理し、上司に報告した。だが、上司の答えはにべもなかった。

「じゃあ、ほかの奴《やつ》に頼むわ」

そこに問題があり、それによって現場が困っている。その事実を前に、できない言いわけをして、なんになるというのだ。

大切なのは問題を解決することであり、それを何がなんでも考えるのが仕事というものだ。そう気づいた若手社員は上司の協力を得ながら必死に解決策を考えた結果、かなりの改善をすることができたという。

これがジョブズ流⑪

「不可能」を簡単に口にする相手には、断固とした「ノー」を突きつけることだ。それでこそ相手は必死に考えて知恵を出す。同時に「ノー」を言う自分も、明快なビジョンを持ち続けなければならない。自分の信念に周囲を巻き込まなければならない。

言いわけに「ノー」を突きつける

できません……
できないなら
他にできる人間
を探すさ
望み通りの
ものが完成

できない言いわけをしても仕方がない

↓

必死に解決策を考える

人は追いつめられてこそ知恵を出す

⑫ 即戦力なんていない。大切なのは人材を育てることだ

「転職者」を「即戦力」に変える方法

転職者に求められるのは「即戦力」である。新入社員は時間をかけて育ててもらえるが、転職者はそうはいかない。

では、人はどうすれば即戦力になれるのだろうか。

アメリカのシリコンバレーともなると、人材獲得競争はきわめて熾烈《しれつ》だ。どれだけすぐれた人材を抱えているかが企業の優劣と成長スピードを決めるから、各社とも躍起《やっき》になってAプレーヤーを狙《ねら》う。

だが、Aプレーヤーを集めることでは人後に落ちないジョブズは、一方でこんなことも言っている。

「即戦力になるような人材なんて存在しない。だから育てるんだ」

ジョブズがCEOとなったピクサーは、もとは『スター・ウォーズ』シリーズで知られるジョージ・ルーカス監督の会社ルーカスフィルムの一部門だった。それもあって買収当初から俊英が集まっていた。ジョブズはそのすぐれた土壌に「育てる文化」「学習する文化」を移植した。

ハリウッドは人材よりアイデアがすべての世界だ。人などその都度集めればいい。だが、ジョブズは人材こそが重要だと考え、監督からコックまですべてを正社員とした。そして、異業種の正社員同士が学び合う中で人材が育つようにした。

たとえばジョン・ラセターは天才だが、かつてはディズニーを解雇される経験をしている。そのラセターを赤字経営の中でずっと雇い続け、チャンスを与えた。そこから、『トイ・ストーリー』をはじめとする世界的大ヒットが生まれたのだ。

才能がないのではない。仕事の中で自分を磨いてないだけだ

ジョブズは、Aプレーヤーは必ずしも天賦《てんぷ》の能力者ではなく、教育や環境によって育つ面があると考える。ある程度の人間なら、期待され、チャンスを与えられ、そこそこの仕事に「ノー」を突きつけられれば、世界を変えるほどの仕事ができる

と考えるのだ。

フェイスブックの創業者マーク・ザッカーバーグはジョブズを師と仰ぐ人物だ。その彼は、ハーバード大学在学中に起業しているので、経営者の訓練をいっさい受けていない。にもかかわらず、20億人（２０１７年6月時点）ものユーザーを抱える企業を経営できるのは、「仕事をしながら成長している」からだ。

即戦力になるには、天賦の才の不足を嘆かず、仕事の中で自分を磨くことではないだろうか。

これがジョブズ流⑫

大切なのは才能の有無ではなく、仕事の中でどれだけ成長できるかだ。10の能力があっても、5しか引き出せないのでは役に立たない。それよりは、5の能力でもフルに引き出し、少しずつ10へと成長できる人のほうがいい。

即戦力はいない。だから人を育てる

➡ 人を集めるだけでなく育てる ➡ 育つ仕組みをつくる

どんな人も最初から仕事ができたわけではない

⬇

教育や環境によって人は変わる

才能の有無ではない。自分を磨く心意気を持て

⑬「仲のいいケンカ」をせよ。真のチームワークはそこから生まれる

大切なのはチームを「1つにまとめる」こと。集中させ、突破させせよ

ワンマン会社は競争に強いものだ。ただし、強くあり続けるのは難しい。長い目で見ると、チームプレーにすぐれた会社が結局は勝つことが多い。

ジョブズもワンマンだと言われることがある。独裁者であり、才能のある人間をとことんこき使うことで成功したと語られたりする。確かにそういう面もなくはない。

だが、考えてみて欲しい。そんなやり方で、30年以上、世界を変える製品を生み出し続けることができるだろうか。

ジョブズは、アップルに復帰して肩書きから「暫定」の文字を外して正式なCEOとなった時、マックワールド・エキスポで、聴衆にこう語りかけた。

「毎日、会社に行ってはアップルでもピクサーでも、世界中で一番才能のある人たちと仕事をしている。世界一の仕事だ。でも、この仕事はチームスポーツなんだ」

ジョブズがアップルやピクサーで果たした役割は、すぐれた人材を束《たば》ねる「重力」だった。求心力よりもっと強い力である。人材がいるだけでは、すぐれた製品は生まれない。大切なのは才能を1つの方向にまとめ、集中させ、突破させることだ。

ジョブズは自分の役割を「才能ある人々をバックアップすることだ」とも語っている。たとえばピクサーなら、ジョブズがいたからこそ、ジョン・ラセターはディズニーとの交渉や資金ぐりといった厄介《やっかい》ごとにわずらわされることなく作品づくりに邁進《まいしん》できたのだ。

仲よし倶楽部ではダメ！　気づいたことは言え

ある企業の経営者が「いい仕事をするためには仲のよいケンカをしなくてはダメだ」と言っていた。チームで仕事をしていると、お互いに「こうすればいいのでは」と気づくことや、時には気まずいことも当然出てくる。そこで「相手の領域に入ってはまずい」と口を閉ざすと、そこでチームの伸びは止まる。互いに気づいたことは言えばいい。「ここが問題」「こうすればよくなる」と堂々と言う。当然、相手にも言い分がある。そのすり合わせから本当のチームワークが生まれてくる。

仲よし倶楽部ではダメである。本気でぶつかり合い、意見を言い交わす中でこそ、チームワークは育つのだ。

それが「仲のいいケンカ」なのである。ケチをつけるとか、アラ探しをするという根性とは正反対の建設的な関係だ。ワンマン会社では、それがなかなか生まれない。

これがジョブズ流⑬

多くの仕事は、人と人がつながる中で形になっていく。だから、思いやりや配慮が欠かせない。心がバラバラだといいものはできないが、心を1つにすると、とてもいいものができる。同じメンバーでも、心がまとまるだけで、仕事の質が変わってくる。

才能を1つの方向にまとめ、集中させる

チーム内で「仲のいいケンカ」をせよ

column

いい生き方と発想の宝庫！アップルの「Think Different」キャンペーン

魂を失ったアップルを再建するために、ジョブズは1997年にメディアで「Think Different」というキャンペーンを張った。そのテレビ版には17人の映像が流れ、こんなナレーションがかぶさる。

「クレージーな人たちがいる。反逆者、厄介者と呼ばれる人たち。物事をまるで違う目で見る人たち……彼らは人間を前進させた」

ナレーションはこう終わる。

「彼らはクレージーと言われるが、私たちは彼らを天才だと思う。自分が世界を変えられると本気で信じる人たちこそが、本当に世界を変えているのだから」

それは「私たちは再び世界を変える製品に挑み始めます」というアップルの決意表明だった。同時に、暫定CEOジョブズから、創業の原点を忘れた社員たちへあてたメッセージでもあった。

では、ジョブズが選んだ17人はどんな顔ぶれだろうか。

1980年代初頭、ジョン・スカリーが初めてジョブズの自宅を訪れた時のことだ。そこは人が住んでいるという気配があまり感じられない、がらんとした静かな家だった。数少ない家具は優美な最高級品か、実用一点張りのものばかりだったという。

寝室には1枚の写真が額《がく》に入れて飾ってあった。物理学者アインシュタインだった。

アインシュタインは相対性理論を築いた天才だが、歩いた道は平坦ではなかった。教授との折り合いが悪く大学に残れず、公務員として働きながら物理学に打ち込んだ。

権威を嫌い、孤高の道を歩みながら革命を成しとげたその生き方は、若きジョブズの生き方でもあった。

「Think Different」に登場する17人のトップが、このアインシュタインだ。その他の人物も、いずれもジョブズが尊敬する人物であり、ジョブズ自身とどこかで像が重なる。

世界を変えようとした人たち
もし彼らがいなかったら世界は少し寂しくなっていた

画家パブロ・ピカソ。建築家フランク・ロイド・ライト。

民権活動家キング牧師。発明家エジソン。

ミュージシャンのボブ・ディラン。ボクサーのモハメッド・アリ。

ソプラノ歌手マリア・カラス。インド独立の父ガンディー。

映画監督ヒッチコック。操り人形作家ジム・ヘンソン。

女性飛行家アメリア・イアハート。CNN創業者テッド・ターナー。

ミュージシャンのジョン・レノン。モダンダンサーのマーサ・グレアム。

建築デザイナーのバックミンスター・フラー。

ヴァージングループ創設者リチャード・ブランソン。

ある人がどんな人を尊敬しているかを知れば、その人の生き方や考え方を知ることができる。ジョブズを深く知りたいなら、この17人の生き方を知ればいい。「Think Different」はアップルのキャンペーンだから、アップルを深く知るにも、それは役立つ。

キャンペーンでは5バージョンのポスターも制作された。そこには、テレビ版の人物に加え、こんな人たちも登場している。

歌手のジョーン・バエズとフランク・シナトラ。

映画監督のフランシス・コッポラとフランク・キャプラ。

俳優のチャーリー・チャップリンとオーソン・ウェルズ。

物理学者リチャード・ファインマン。

野球選手ジャッキー・ロビンソン。

チベット仏教指導者ダライ・ラマ14世などだ。

やがて世界は、こうした人たちの中に「スティーブ・ジョブズ」の名前を刻むはずである。

PART 2

世界を変える製品を創造する 〝ジョブズ流　神のアイデア術〟

① 強烈な問題意識を持て。創造性とはものごとを結びつける力だ

創造とは、今あるものの組み合わせ。それに努力と情熱を加えること

新しい何かを創造するのはひと握りの天才の仕事だと誤解していないだろうか。確かに驚異的なひらめきを発する天才もまれにいるが、ほとんどの創造は、今あるものの組み合わせを変え、努力と情熱をつけ加えることでもたらされるものだ。

マッキントッシュやｉＰｏｄを「ジョブズの発明ではない」と言う人がいる。それは間違いではない。マッキントッシュのヒントをジョブズが得たのは、ゼロックスのパロアルト研究所だった。ｉＰｏｄの「ポケットに１０００曲」という発想も、オリジナルはＤＥＣ（デジタル・イクイップメント・コーポレーション）の研究者だった。タッチパネル方式も技術を生み出したのはゼロックスだ。

では、ジョブズは単なる盗用者で創造性のかけらもないのだろうか。

もちろん「ノー」だ。

先駆者たちはすぐれた発想や技術を生み出したが、すぐれた製品にする力がなかった。ジョブズの創造性は、製品化できないほどすごい発想や技術を目にした瞬間に、そこに未来の社会の姿を見つけたことだ。そして、それを使いやすい製品へと変えた。

パロアルト研究所には、たくさんの見学者が訪れた。だが、その誰にも、ジョブズのような仕事はできなかったのだ。

ゼロから有を生む必要はない。何かを見て気づくことだ

「創造性というのは、ものごとを結びつけることにすぎない」とジョブズは言う。

ゼロから有を生む必要はない。まずは、何かを見て気づくことだ。そして別の何かと結びつける。単純にはいかない。さまざまな困難が生じる。それを克服し、使いやすいように磨き上げる。これが創造だ。

同じものを見ていても、ある人は何かを発想し、ある人はまるで無関心ということはよくある。

その差は問題意識だ。

人間は不思議なもので、問題意識を持っていると、ヒントとなる情報が自動的に、次々と目に飛び込んでくる。それに対し、問題意識がないと、目の前にあっても、たとえ「これでしょう！」と教えられても、何も発見できない。

創造で重要なのは、天賦の才の有無ではない。強い問題意識を持ってものを見ているかどうかが分岐点になるのである。

ジョブズは、「過去の点と点を結びつける」とも言っている。今を充実させることだ。今はすぐに過去となる。豊かな過去が新たな創造につながるのである。

これがジョブズ流⑭

問題意識を持つには、まず好奇心が大切だ。ただ、それに加えて、ビジョンを持つことが欠かせない。やりたいことがなければ、好奇心は生まれないからだ。何がなんでも実現したいというビジョンが、創造を生むと言っていいだろう。

創造性とは、ものごとを結びつけること

創造性とは
ものごとを結びつける
ことにすぎない

何かを見て
気づくこと
から始まる

面白い！
別に……

同じものを見ても、人によって受け取り方は違う

その差は問題意識にあり

強い問題意識が創造性につながる

②不満やグチを放置するな。アイデアのもとは小さな気づきから

画期的なアイデアを出そうとするな。小さい気づきから始めよ

「何かアイデアを出せ」と言われて、すぐに「出ないよ」とあきらめる人がいる。そういう人の多くは「画期的なアイデアでなければ!」と肩に力が入りすぎている。あまり「画期的」「人が驚くような」と考えず、小さな気づきから始めてみると、発想は案外広がっていくものだ。

アップルⅠとアップルⅡは、スティーブ・ウォズニアックがほぼ独力でつくり上げた作品である。

だが作品を「製品」に変え、ビジネスに高めたのはジョブズのアイデアだった。アップルⅡでは、特にそれが顕著《けんちょ》だ。

先述のように当時のパソコンは、アップルⅠも含め、部品を自分で組み立てる必

要があった。そんな時代にジョブズは、アップルⅡを家電製品のように使いやすくすることで一気に購買層を広げた。購買層が存在するなど誰も考えなかった頃に、ジョブズは、その発想をどこから得たのだろう。

ジョブズには確信があったという。

「自分だけのコンピュータを組み立てたいと思うハードウェアオタク1人に対して、そこまではできないけれどもプログラミングくらいならちょっとやってみたいという人が1000人いることを。10歳の時の私がまさにそうだった」

ジョブズは10歳の時、近所に住んでいたヒューレット・パッカードの社員に見せてもらったコンピュータに心底驚いている。そして強烈に欲しいと思った。その時の感情をジョブズは忘れなかったのだ。自分と似た感情を抱く人がたくさんいることは自明だった。あとは、どうすれば彼らが買ってくれるかだったのである。

平凡な気づきを追究すれば、非凡な発想にたどり着く

アイデアの原点は小さな気づきにある。

誰でも「しんどい」「やりにくい」「どうにかならないか」と、いろんな場で感じ

るものだ。それを放置すれば、単なる不満やグチに終わる。だが、そこから「何かいい方法はないか」と考え始めると、アイデアへと変わっていく。

ひらめきに方程式はない。だから、不満が必ず大きなアイデアへと育つわけではない。しかし、小さな気づきを大切にすることで、いつかはすごいアイデアにたどり着けるのは確実だ。

物理学者アインシュタインは6歳の頃、父親がくれた方位磁石を見て「法則のようなものがあるのではないか」と思った。その思いを持ち続けたことで、ついには相対性理論にたどり着いたのだ。

これがジョブズ流⑮

ちょっとした気づきや発見を忘れ去ってはいけない。私たちは「あのくらいなら自分も考えていた」と感じることがよくあるが、発想などみんな似たり寄ったりといえるのだ。違いはそれを育て続けたか、忘れ去ってしまったかだけだ。

「作品」を「製品」に変え、「ビジネス」にする

欲しいオタクが
1人いれば
やってみたい人が
1000人はいる

幼い頃の感情を忘れなかった → 記憶をもとにアップルⅡを開発

しんどい　やりにくい　なんとかしたい

不満やグチで終わっていないか

↓

「何かいい方法はないか」と考える

小さな気づきが、すごいアイデアへと変化する

③ 現場に足を運べ。発想は現場に行くことで磨かれる

1日に2〜3回も現場に行く。徹底した現場主義が独創のコツ

イノベーション（変革、新機軸）は、現代ビジネスのキーワードの1つである。だが、イノベーションは、ただ机の前で考え抜けば、ある日突然降って湧《わ》いてくるものではない。現場にまめに足を運び、アイデアを出し合って問題解決をする中から生まれるものだ。

ある企業の幹部がジョブズに「現場にはどのくらい顔を出すのか」と尋ねた。答えは「2〜3回かな」だった。幹部は「多忙なジョブズが週に2〜3回も行くわけはない。月に2〜3回だろう。そのくらいなら自分もやっている」と安心した。そこにジョブズはこうつけ加えたという。

「1日に2〜3回だ」

意外かもしれないがジョブズは現場重視なのである。だから、イノベーションをスローガンにして壁に貼り出すことなどバカバカしいと考える。イノベーションは、深夜に会社の廊下で出くわしたり、浮かんだアイデアについて夜昼かまわず電話する社員の中から自然に生まれてくるものだ。

こう言っている。

「私が1日中何をやっているかというと、いろんなチームと会議を開いて、アイデアを練ったり、新製品に伴う新たな問題点を解決したりしているわけです」

若い頃のジョブズは、過度の現場介入が混乱を招く場合もあった。マイクロマネジメント（過剰干渉）と批判されたりもした。だが、ジョブズが常に現場に立ってきたからこそ、アップルはソフトとハードの両面で強い、業界で唯一の会社になれたのだ。

現場に行けばヒントがある。現場に行けば発想が磨かれる

製品やサービスが輝きを失うのは、トップが現場に関心を失う時だ。工場や研究開発部門、お客様との接触点などにトップがほとんど顔を出さなくなると、会社の

強さは急速に失われるから不思議なものだ。

アイデアに煮詰《につ》まった時も、何かアイデアを思いついた時も、とにかく現場に行けばいい、というのはある経営者の口癖だ。現場に行けばヒントが無数にある。自分のアイデアが妥当かどうかも見えてくる。

すぐれたアイデアは1人の頭からは生まれない。天才アインシュタインでさえ、気の合った仲間たちと雑談する中から特殊相対性理論を構築している。

仕事の中で思いついたことを気軽に口にすることだ。互いに刺激することで、自然とアイデアが生まれてくる。机を離れ、現場に向かわなくてはならないのだ。現場発のアイデアはとても役に立つ。

これがジョブズ流⑯

「1日30分のアイデア会議を」「発案書類を提出せよ」などという型にはまった強制からは、イノベーションは生まれない。現場で意見を交換し、実際に問題解決に当たる中から、イノベーションにつながるアイデアは生まれてくる。

現場に足を運ぶことで、アイデアは生まれる

現場には
どれくらい
顔を出す？
1日に
2〜3回だ！

➡ 現場重視の姿勢が独創性を生んだ

思いついたことを気軽に話す

⬇

刺激されて発想が広がる

現場はアイデアの宝庫。現場で考えよ

④「捨てる勇気」を持て。ダメならゼロベースで考え直せ

ダメなものにこだわるな。リセットしてゼロから始めよ

思考がぐるぐる堂々めぐりを始め、一種の袋小路に迷い込むことがある。そんな時に「これは」というアイデアに行き着くためには、リセットが必要だ。

アップルに復帰したジョブズは、新しいOS「OSX《テン》」の開発に乗り出した。

ジョブズ復帰以前のアップルによるOSの自社開発は、遅々として進まなかった。当時のCEOギル・アメリオは、どこかにいいOSはないかと探し回り、ジョブズがネクスト社で開発したOS「ネクストステップ」を見つけたのだ。

だが、ネクストステップに旧バージョンのマックインターフェースを移植しようとしたため、現場は苦労を重ねていた。

復帰したジョブズは、そのモックアップ（模型）を目にしたとたん、「この大バ

力者が」と怒鳴りつけた。今のままでは全部ダメで、ゼロからやり直すことを命じた。

「何かを捨てなければ前には進めない」というのが、ジョブズのやり方だ。こだわる時はとことんこだわるが、捨てる時も惜しまない。今までのものや、やりかけたものをいくら改良してもダメな場合は、ゼロからやり直すほうがいい。

やがて新しいモックアップを見たジョブズは「3ケタの知能指数が証明された」と現場をほめたたえた。

つじつま合わせをやめて、自分の直観を信じる

ジョブズは「それまでにどれだけの時間や資金、手間をかけたか」に縛られない。いいものをつくるためには「どうもよくないな」と感じる案は、思い切って捨ててしまう。そして「10歩下がって、正しいアイデアを練り直そう」と提言する。

人は「せっかくここまでやったんだ」と考えがちだ。ゼロベースから考え直すのはしんどいと感じる。だが、実際にリセットしてみると、素晴らしいアイデアが生まれるのが常だ。

ジョブズは、現場にいながら、現場にとらわれず、常に自分のビジョンからものを見た。だから、絶好のタイミングでのリセットができたのである。

「この製品はどうもうまくいかない」「プロジェクトに根本的な問題がある」などと感じることがある。そういう直感は、しばしば正しいものだ。だが、やめるには勇気が必要だ。責任も伴う。

多くの場合は「まあ、つじつまを合わせながら、なんとか最後まで行こう」となるのだが、うまく行くことはほとんどない。リセットする勇気が必要だ。

これがジョブズ流⑰

直面する問題とは関係のないことをしている時に、思わぬ解決のヒントが浮かぶことはよくある。同様に、袋小路に入った時もリセットすると頭が切り替わり、新たな発想が生まれる。「この案は捨てよう」というひと言が新しいアイデアをもたらすのだ。

ダメな時はゼロベースで考え直す

リセットして1から考えてみる

思い切って捨てる勇気を持て

⑤ 成功した時こそ反省せよ。安全思考は危険な落とし穴

安全こそ最大の敵！　大胆に挑戦せよ

成功体験はとても貴重だ。自信がつき、次の成功への発想を得る立脚点にもなる。一方で成功体験は「縛り」にもなる。過去の成功パターンにとらわれて、新たな発想ができなくなるからだ。

ジョブズの大きな成功は、成功体験に縛られなかったことにある。アップル復帰後のジョブズの活躍は目ざましかった。

ｉＭａｃに次いでｉＰｏｄ、ｉＰｈｏｎｅ、ｉＰａｄとライフスタイルを変えるほどの世界的ヒット製品を出し続けた。

なかでもｉＰｏｄはアップルを単なるパソコン会社から一気に脱皮させ、アップルは売上も利益も株価も、絶好調となった。

そんな時にジョブズは何をしたか。

一番の売れ筋商品ｉＰｏｄミニの販売中止を決断している。絶好調期に、最高に売れている製品を打ち切るなど普通はあり得ない。だが、ジョブズは安全こそ最大の敵だと指摘した。

「普通の人なら、ここで失敗したら失うものも大きいから、あとは安全にやろう、と思うかもしれない。だが、これは僕らにとって一番危険な落とし穴なんだ」

もっと大胆に挑戦し続けなければならないと、さらに小型のｉＰｏｄナノの開発に乗り出した。それは誰もが「ムリに決まっている」というほどのサイズだった。それをくつがえしての決断だった。この決断があったから、続々と競合製品が現れる中、ｉＰｏｄは快進撃を続けられたのだ。

坂道を転落するのは早い。成功した時こそ反省

ジョブズが去った後のアップルが隆盛を保てずに衰退したのは、マックの成功に頼り、革新を忘れたからだった。復帰したジョブズが行なったのは、失われた革新を取り戻すことだった。

成功ほどありがたいものはない。だが、栄光の頂点をきわめた会社や人が、数年を経て、「何があったんだ」というほど落ちぶれることは少なくない。次への革新を怠ると、坂道を転落するのは早いのだ。

大事なのは、一度の成功を額縁に入れて飾り立てないことだ。成功の中にある問題点を見つけ、改善していく。失敗した時の反省は誰でもするが、実は成功した時の反省のほうが大切なのである。

成功はある時期、ある環境の中でもたらされるものだ。時代や環境が変わると、同じやり方では通用しなくなってくるのが常である。成功した時こそ反省する。成功の中から次の成功の種を拾えるはずだ。

これがジョブズ流⑱

成功は大いに喜び、誇っていい。その反面、「問題はなかったか」「もっとうまくできる点はないか」と考えてみることだ。多くの会社や人が失敗をバネに成功する中で、成功をバネにさらなる高みを目ざすことができれば、圧倒的な存在になれる。

売れ筋商品を捨てて、新たな挑戦を始める

安全にやろうと思うな。
一番危険な落とし穴だ！

→ iPodミニの販売中止 → iPodナノの開発に成功

成功ほどありがたいものはない

↓

成功の中にある問題点を改善する

安全こそ最大の敵

⑥ 単なる模倣はやめよ。知恵をプラスすることでオリジナルになる

模倣をしても、世界はよくならない

独創は大変だ。つい誰かの真似をしたくなる。日常の仕事でも知恵を出さず、言われるままに仕事をすることが少なくない。「真似する、考えない」のは楽だが、それでは何も生み出せず、衰退してしまう。

ジョブズは徹底して真似を嫌った。常に新しい何かを生み出そうとした。最初のアップル時代、パソコン市場に、メインフレーム（汎用《はんよう》大型コンピュータ）で一人勝ちしたＩＢＭが参入してきた時もそうだ。急速にシェアを拡大するＩＢＭのパソコン（ＩＢＭ ＰＣ）の互換機をつくれば、簡単に儲けられる。だがジョブズは誘惑に負けなかったどころか、マッキントッシュによって真っ向勝負を挑むのだ。

ジョブズが目ざしたのは模倣による規模の拡大ではなく、革命による成長だった。

ピクサー時代に『バグズ・ライフ』をめぐる模倣事件が起きた時もそうだ。

ジョン・ラセターは『バグズ・ライフ』のアイデアを、元ディズニーの上司だったジェフリー・カッツェンバーグに話した。カッツェンバーグは、そのアイデアを平気で盗み、『アンツ』という模倣映画を制作して『バグズ・ライフ』よりも先に公開しようとしたのだ。

怒り、落胆し、あせるスタッフをジョブズは励まし、こう言った。

「この世界にはアイデアが満ちあふれている。模倣するほうが少しは楽かもしれない。でも、そんなことをしても世界はよくならないんだ」

『バグズ・ライフ』は『アンツ』に興行収入で倍以上の差をつけて圧勝した。

「言われたまま」をやっていないか？ 最も楽な道こそ危険な道

大事なのは価値観だ。金儲けに価値を置くと伸びない。「役立ちたい」「笑顔を見たい」「美しくしたい」といった価値観を持ち、追い求める人が伸びていく。

そこに真似が入り込む余地はない。大ヒットが出ると、追随者《ついずい》が山のように現れる。だが、追随者の多くが脱落する。安易にヒットを真似れば楽に儲かるはずなのに、なぜだろうか。

潮流をつくった人間は、必死に知恵を絞り試行錯誤を重ねる中で、固い基盤を築いている。それに対し、追随者は表面をなぞるだけだ。だから、最初は対等に競争できても、じきに勝てなくなっていく。

仕事でも「言われたまま」に安住していては、成果は上げられない。スキルアップや人間的成長もない。最も楽な道は、最も危険な道である。

これが ジョブズ流⑲

すべてを自分で考えるのは難しい。だから、まず自分なりの小さな知恵をプラスすることから始めよう。それは模倣とは決定的に違う素晴らしい行為だ。自分で考える習慣がつき、小さな知恵は徐々に大きくなる。その積み重ねが独創につながるのだ。

模倣するだけでは世界はよくならない

模倣するほうが
楽かもしれない。
でも世界はよく
ならないんだ

➡ 自らアイデアを
生み出し、新しい
潮流をつくる

人の真似だけでは「期待以上の成果」は出ない

⬇

自分の知恵をつけ加える努力

常にオリジナルのアイデア・工夫をプラスせよ！

⑦ 細部にこだわれ。独創的な仕事は見えないところが素晴らしい

見えないところにこそ完璧を求める

独創的な仕事は、細部も素晴らしいのが常だ。誰も気にしないような細部にまで手を抜かない。その隠れたこだわりが、不思議に全体の印象まで左右する。ジョブズがそうだった。

たとえば、アップルⅡのプリント基板のレイアウトを何度か却下している。「プリント基板のラインは、すべて完璧に真っすぐでなければならない。マシンの蓋《ふた》を開けた時に美しく見えなければならないからだ」という美学だった。

機能的には、完璧に真っすぐにする必要はまったくない。美学にしても、蓋を開けて基板をしげしげ見る人が何人いるだろうか。これも意味がない。

しかし、独創には、このこだわりが大切なのだ。

マッキントッシュ開発の時も、ジョブズは「見えないところに完璧を期すなんて意味がない」と抵抗する技術者を、こう説得している。
「偉大な大工は、たとえ見えなくても、キャビネットのうしろにちゃちな木材を使ったりしない」

ポイントを押さえながら、細部にも最善をつくす

ジョブズがつくろうとするのは、単なる製品ではなかった。「世界を変える」という強い情熱から生まれる芸術作品だった。隅《すみ》から隅まで美しくする。目に見えないところにも精魂を込める。

1人のユーザーは、それを理解できないかもしれない。だが、2人、3人となると「なんとなく違う。ありきたりじゃない」と気づき始める。こうして多数のユーザーが「これは芸術品だ」と熱狂するようになるのだ。

こんな話がある。ギリシャのある彫刻家が素晴らしい作品を仕上げ、依頼者に高額な制作費を請求した。依頼者は「誰も見ない背中の部分については払えない」と断った。すると彫刻家はこう反論した。

「神が見ている」

仕事にも同じことが言える。効率ばかりを追求すると、つい「時間がない。量が必要だ。ここは手を抜こう。ポイントさえ押さえておけば大丈夫だ」となる。それをくり返していると、感覚がマヒし、手抜きがエスカレートしてしまう。こうして仕事の質が取り返せないほど落ちていく。

ポイントを押さえるだけではなく、常に最善をつくすことが大切だ。細部に目をこらしているかどうかが、最善をつくしているかどうかのチェック点になる。

これがジョブズ流⑳

細部にこだわるあまり時間を浪費するのは愚かしい。だが、可能な限り細部にこだわるほうがいい。玄関先やショールームがきれいな会社も、倉庫や社員用トイレが汚なかったりすると、将来が知れているものだ。見えないところが勝負どころだ。

仕事の質は、細部へのこだわりで決まる

プリント基板のレイアウトを却下するジョブズ

世界を変えた「芸術品」の誕生

細部への配慮が足りなくなる

可能な限り細部にこだわる姿勢を持つ

こだわりの積み重ねが独創性を生む！

⑧ 難しいことを簡単にせよ。真の創造性はそこに宿る

難しいことを「わかりやすくする」のがプロ

難しい話を難しく話すのはたやすい。でも、プロなら難しい話をわかりやすく話せなければならない。「難しいことを難しいまま」ではなく「難しいことをやさしく」するところにプロの手腕がある。

ジョブズはマッキントッシュを発表した時、すでに発売されていたＩＢＭ ＰＣとの違いを、電信と電話の差と表現している。

ＩＢＭ ＰＣはアップルⅡのシェアを奪って、ビジネス向けパソコンの主力になり始めていた。「生産性を上げるにはＩＢＭ ＰＣだ」という声が定着し始めていた。

それに対し、ジョブズはＩＢＭ ＰＣを操作するには「ｑｚｓ」といったコマンドをいちいち打ち込まなければいけない点を指摘した。それは致命的な欠点であ

り、そんなユーザーにやさしくない不便なパソコンの時代は去ると宣言した。「難しい操作をやさしく」するために、ジョブズがつくったのがグラフィカル・ユーザー・インターフェースだった。マウスを使うことで普通の人が簡単に使いこなせる。それが、現在のすべてのパソコンの原型となったマッキントッシュだった。

説明書を読まなくても、楽しむことができる製品をつくる

ジョブズは、発表当時はセンセーショナルだった電信がなぜ普及しなかったかを例に出した。それは、電信に必要なモールス信号を覚えるのに何十時間も要したからだ。そこに、何も覚えることなく誰でもすぐに使える電話が登場し、電信の出番は急速になくなっていった。

「いわば最初の電話をつくりたいのです。そして、大衆に広く受け入れられるマシンをつくり出したいのです」

これが、難しいことを難しいまま押しつけるＩＢＭとの最大の差だった。

そして、創造とは難しいことをやさしくする工夫なのである。複雑な技術を誰でも簡単に利用できるようにするという創造の根幹を知り尽くしていたジョブズは、

その考えをさらに推し進めた。iPod、iPhoneなどは説明書など読まなくても楽しむことができる。それがジョブズの目ざした創造だった。アップルの強みもそこにこそあった。

私たちの仕事もそうだ。普通の職場に、専門家に聞かなければわからないような仕事がゴロゴロしているとしたら、その会社の将来は暗い。

仕事は、今日入社した新人にもわかるくらいに整理整頓されていることが必要だ。それを現場では標準化とも言っている。

これがジョブズ流 ㉑

何かを話したり書いたりする時にはコツがある。その何かについて多少の知識はあるが、それ以上は知らない人が相手だと考えるのだ。その何かについて好奇心はあるが日頃は深くかかわっていない人。そんな人に説明できれば表現力は十分だと言える。

「難しいことをわかりやすく」が本物のプロ

➡ 説明書の
いらない
商品を開発

難しいことをわかりやすくするには？

⬇

頭の中を整理すること

今日入った新人にもわかるくらい単純化せよ！

⑨ 最高の宣伝とプレゼンは、最高の製品によって創造される

失敗作をヒット作に変えることはできない。いいプレゼンは最高の製品から

宣伝やプレゼンテーションの力を過信すると、大きな間違いを犯す。大切なのはすぐれた製品やサービスだ。そこにプレゼンや宣伝がプラスされることで、販売やイメージが飛躍的に伸びる。その順序を間違えてはいけない。

ジョブズはそのことをよく知っていた。こう言っている。

「どれだけ宣伝を打ったところで、失敗作をヒット作に変えることはできない」

ジョブズのプレゼンは、世界ナンバーワンと評されるほど素晴らしいものだった。単なる新製品の発表会を世界中の人が注目するショーに変えてしまった。ジョブズの新製品のプレゼンを、何億人もの人がワクワクして待ったものだ。

1984年のマッキントッシュの発表会は、伝説として今も語り継がれている。

ジョブズがカバンから取り出したマッキントッシュが、聴衆に向かって「こんにちは。僕、マッキントッシュ。1つ言わせて下さい。(IBMのような) 持ち上げられないパソコンを信じることなかれ、です」と語りかけるなど、見どころ満載だった。

聴衆は魅了され、マックはスタートダッシュで大きく売れることになる。

しかし、ジョブズがこれほどプレゼンや宣伝に力を入れたのは製品に価値があり、それを愛したからだ。こう言っている。

「マックにはそれだけの価値がある。僕がこれまでの人生で見てきた中でも最高の製品なのだから、それにふさわしい最高の発表をしなければならない」

プレゼン、宣伝には限界がある。製品づくりに情熱を注げ

大切なのは、製品やサービスが本当にいいものかどうかだ。

よくプレゼン術の勉強をし、どうすればうまくアピールできるかばかりを考える人がいる。それでは順序が逆だ。プレゼンしようとする製品やサービスに自分は絶対の自信を持っているのか、つくるために心血を注いだのかという自問がまずなけ

ればならない。

もし製品やサービスのできがいまひとつで自信が持てなければ、ジョブズが言うようにヒットさせるのは難しい。

ジョブズのプレゼンが世界ナンバーワンだったのは、製品づくりにすべての情熱を注ぎ、心の底から製品を愛し、誇りに思っていたからだ。

最高の製品なのだから、最高の宣伝とプレゼンをすれば、絶対に大ヒットする。

それがジョブズの考え方だ。

これがジョブズ流㉒

最高のプレゼンをしたいなら、まずは製品やサービスをあらゆる角度から検討し直すことだ。1つでも最高、最善、最速、最大を見つけたら、その素晴らしさを心の底から信じる。その信念は人に伝わる。心から心に伝えるプレゼンこそが王道である。

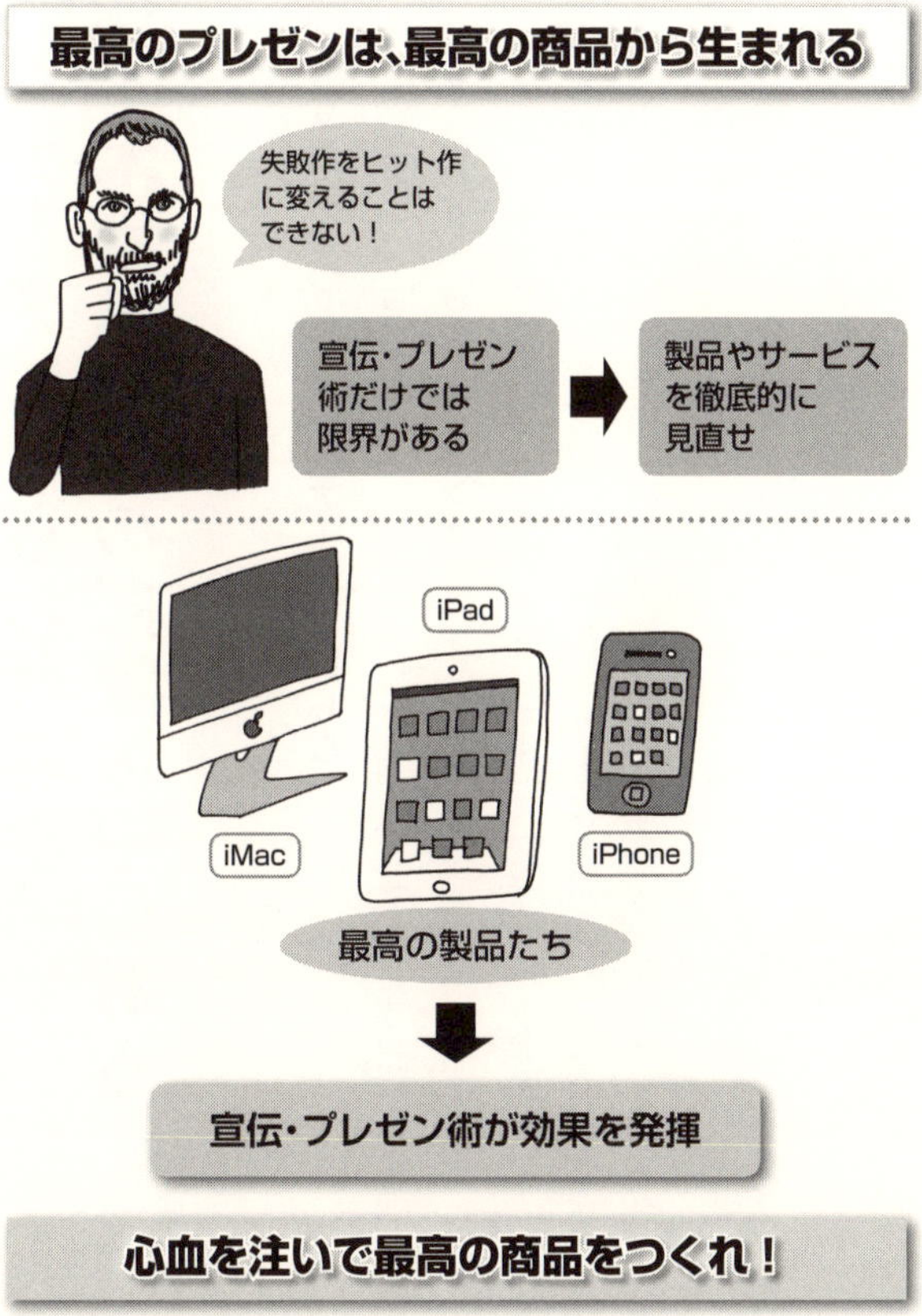
最高のプレゼンは、最高の商品から生まれる
失敗作をヒット作に変えることはできない！
宣伝・プレゼン術だけでは限界がある
製品やサービスを徹底的に見直せ
iPad
iMac
iPhone
最高の製品たち
宣伝・プレゼン術が効果を発揮
心血を注いで最高の商品をつくれ！

⑩ データにとらわれるな。未来は自分の感覚の中にある

独創的なものをつくるのにデータはいらない

データや統計、グラフといったものは何かを分析したりする際には便利だ。だが、データに頼りすぎるとチャンスを逃すこともある。

マッキントッシュの開発は、ジョブズを中心とするチームが進めていた。その一方で価格設定などといった営業的、経営的なことは委員会によって話し合われることが少なくなかった。委員会には、ものづくりを知らないマーケティングや経理の専門家がたくさん含まれていた。

ある会議の席上、経理部長が価格の変化が売上にどう影響するかをグラフで説明し始めた。ジョブズは最初は静かに眺めていたが、しばらくしてこう言った。

「数字なんて、どこからでも持ってこれるし、どうにでも料理できる。（グラフ

の）カーブなんて、まったくのたわごとだ。グラフなんかで、わけのわからない世界に僕らを引きずり込まないでくれ」

ジョブズがつくろうとしていたのは、世界のどこにもない製品だ。独創的なものを世に送り出す時には、既存のデータや市場調査など役に立たない。

ジョブズは、自分のビジョンと経験と勘から価格を決めたほうが、データ重視よりもましだと考えていた。

もちろんジョブズも、すでに販売した製品についてはデータを重視するのだ。ただし、開発に際してはデータより自らの考えを大切にした。

データは今の流行を教えるが、未来のヒットは予言しない

データは既存の製品をユーザーがどう見ているかは教えてくれる。しかし、製品にどんな大革命が必要かについては教えてくれない。

経営学の大家P・F・ドラッカーも、「コンピュータは趨勢《すうせい》は教えてくれるが、予兆は教えてくれない」と言っている。

今、何が流行しているか、何が売れているかはデータが教えてくれる。しかし、

これから何が流行し、何が大ヒットするかの答えはデータの中にはないのである。

たとえば、平均値は比較検討する時に大切なものだ。だが、平均値にとらわれすぎると、平均値以上に行けなくなってしまう。同じように、データにとらわれすぎると、データに表れた現実を超えられなくなってしまうのだ。

独創の結果を知るために、データを活用するのはいいことだ。しかし、独創をしたいのなら、データよりも自分の感覚を信じるほうがいい。

これがジョブズ流㉓

新製品を企画する時に、他社のデータを聞く上司がいるが、できるだけ無視したほうがいい。「データがない？　ならばやってみよう」という方向に誘導するべきだ。そのためには、自分自身がデータの有用性と無効性を明確に区別することだ。

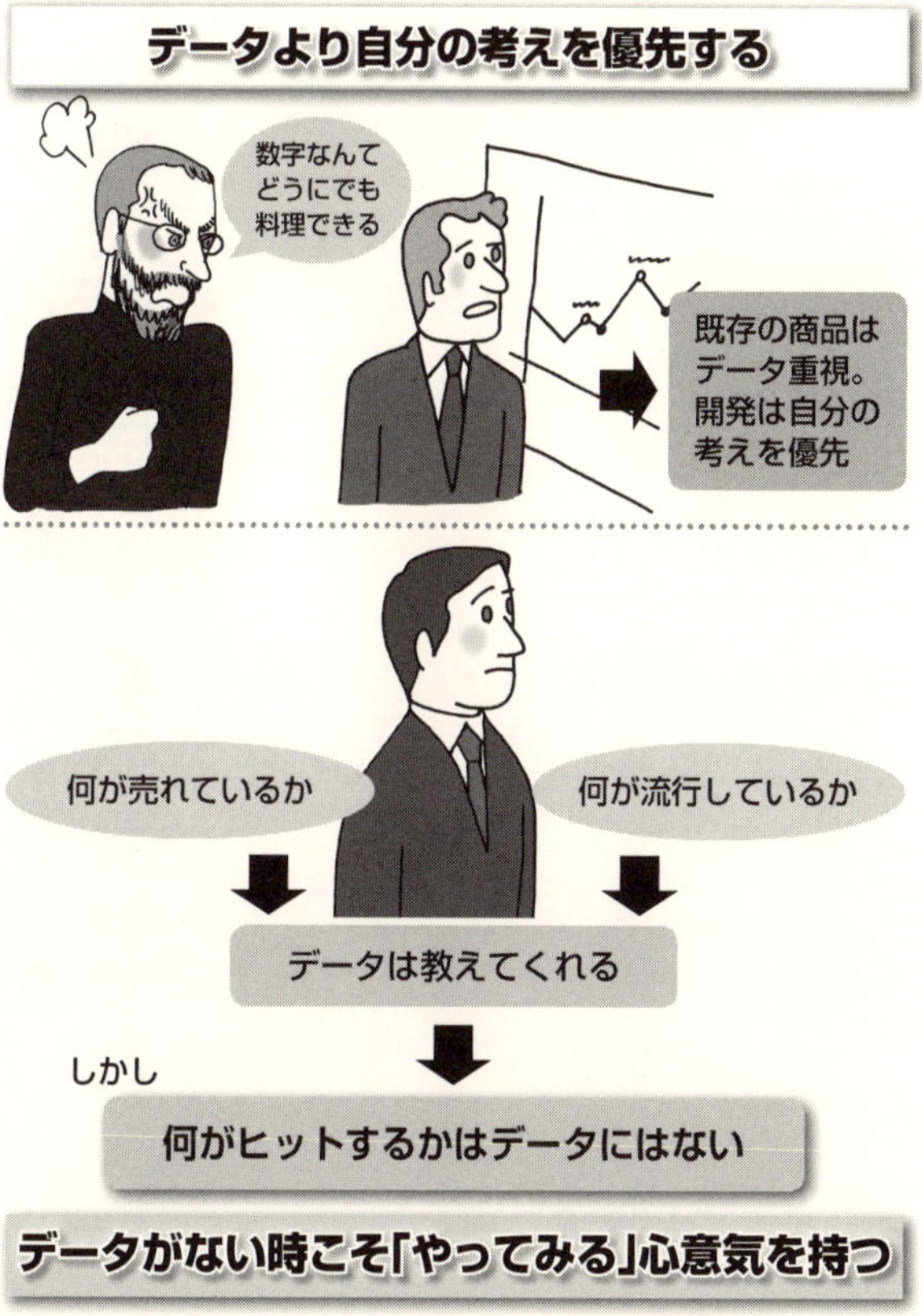
データより自分の考えを優先する
数字なんて
どうにでも
料理できる
既存の商品は
データ重視。
開発は自分の
考えを優先
何が売れているか
何が流行しているか
データは教えてくれる
しかし
何がヒットするかはデータにはない
データがない時こそ「やってみる」心意気を持つ

⑪ ライバルを意識しすぎるな。他社を圧倒する製品をつくれ

競わずしてライバルに勝つ方法

よきライバルの存在はありがたい。ともに切磋琢磨《せっさたくま》しながら成長することができる。だが、時にライバルの動きに目を奪われすぎると、独創が停滞することもある。

アップルに復帰したジョブズに、自分の会社の売却交渉をしていた日本人が「数社と交渉中なので即答は保留する」と言った。ジョブズはどこと交渉中かと聞いてきた。マイクロソフトやアドビと交渉中だったので、「あなたのライバルだ」と答えると、「ライバル?」とジョブズは聞き返した。

「僕にはライバルはいないよ」

ジョブズは同業他社をライバルとは考えていなかった。ジョブズにとって大切な

のは、他社に勝つとか負けるとかではなかった。アップルがいかにしてアップルらしさを取り戻し、世界を変えるほどの製品を再び生み出すことができるか。その一点だった。

世の中には、自社が勝つには他社が負けなければならないという考え方もある。だが、ジョブズはそうは考えない。他社には絶対できないような独創的な製品をつくればいいのだ。

「他社を圧倒的に突き放すほどすぐれた製品」という考え方から生まれたのが、iPodやiPhoneなどだった。

無人の荒野を行けば、他社と競わずして常にトップであり続けることができる。ジョブズが見ていたのは、ライバルの動向などではなく、ユーザーが何を求めているか、次の革新は何かだった。

ライバルを意識しすぎるな。独創を続ければシェアは取れる

ライバルの動向に目を奪われすぎると独創性を失ってしまうのは、「相手がこうしたから」「ライバルより少しいいものを」という発想になるからだ。狭い世界で

の勝ち負けの競争に陥り、最も大切なユーザー目線が弱くなるのだ。

　ジョブズが追求したのは、ライバルに勝つためにどうするかではなかった。無限の可能性を持つコンピュータの世界を押し広げることだった。利便性を高め、製品の質を芸術の域にまで高めることだった。

　ライバルなど無視しろというわけではない。シェアを奪われれば困る。しかし、独創を続ければシェアは取れるのだ。そこに目をこらすべきだ。

　かつてマイクロソフトの全盛期に「ライバルは?」と聞かれたビル・ゲイツは「ガレージで新しい何かをつくっている奴らだよ」と答えた。実際、ほどなくグーグルがガレージから生まれ、マイクロソフトの牙城《がじょう》を脅かすことになった。

これがジョブズ流㉔

目の前のライバルだけを見ているうちにもっと怖い敵が誕生して、すべてをさらっていくことだってある。お客様からそっぽを向かれることだってある。ライバルとの戦いとは別に、やるべきことがたくさんあることを決して忘れてはならない。

ライバルの動向に一喜一憂しない

ライバルを
突き放す圧倒的
製品をつくる

ライバルがいるから、ともに成長できる

しかし

ライバルに目を奪われすぎてはいけない

独創を続ければライバルは関係ない

⑫ 危機の時こそ攻めろ。創造こそ最大の攻撃であり防御

ジョブズのいなくなったアップルが、シェアを減らした理由

危機に直面した時、「守りと攻め」のどちらに重点を置くか。守りだけでは突破口は開けない。攻めが必要だ。しかし、攻めとはいったいどういうことをいうのか。

ジョブズ追放後のアップルは、CEOジョン・スカリーのもとで一時期は隆盛を謳歌《おうか》した。スカリーは元ペプシコーラ社長で、将来を約束されていた。それをジョブズが口説き、ヘッドハンティングした人物だ。だから経営や販売はプロだった。

だが、アップルはやがて危機に陥る。スカリーには独創性がなかった。ジョブズが遺《のこ》したマッキントッシュに頼るだけで、斬新な次世代製品が出なくなったのだ。

シェアを奪われ、倒産の危機に陥った企業がまず行なうのは「守り」だ。コスト

削減である。人を減らし、開発投資を抑え、なんとか利益だけは確保しようとする。そんな守りの会社になったアップルを、ジョブズはこう見ていた。

「アップルに必要な治療はコスト削減ではない。今の苦境から抜け出せるような革新を行なうことだ」

これが「攻め」である。

アップルの苦境は、マイクロソフトにシェアを奪われたからではない。革新を怠《おこた》り、魅力的な製品をつくる力が失《う》せたからだ。自らシェアを低下させていったのである。

やがてアップルに復帰したジョブズは、40もの製品をたった4つに絞るという徹底した選択と集中によって革新的な製品を生み出し始める。

守りの中にあっても、攻めの意識を忘れるな

ある経営者が、赤字企業の再建を任された。経営者は「守り」として徹底したムダ排除を行なった。一方で、新しい生産体制の構築プロジェクトを推し進める「攻め」も怠らなかった。

その成果が上がり、2年で赤字を脱却、数年でかつての何倍もの利益を上げるようになった。

企業が苦境に陥った時、いわゆる「出血止め」のコスト削減は欠かせない。ムダを徹底して排除するのは当たり前だ。

しかし、それだけでは企業は再生しない。守るだけでは企業も人も製品も縮んでしまう。そうならないためには、次を見越した「攻め」をする必要がある。

よく「攻撃は最大の防御」というが、ビジネスでは、創造こそ最大の攻撃であり防御だ。いい時もおごらず、悪い時にも前を向く。守りの中で攻めの気持ちを忘れない人だけが未来を切り開ける。

これがジョブズ流㉕

悪い時、ただ落ち込んでいても何も生まれない。ケガをしたとか、運が向かないとか、そんな状況の中でも、できることは必ずある。できないことを考えるのではなく、今できることに集中し、最善をつくす。そこから少しずつ次が見えてくる。

選択と集中が革新的な製品を生む
苦境から
抜け出すには
革新が必要
40の製品群を
4つに絞り成功
「守り」=「ムダの排除」
「攻め」=「新プロジェクト」
創造こそ最大の攻撃であり防御
悪い時こそ攻めの気持ちを忘れるな

⑬ 不足はチャンスだ。足らない時こそ知恵を出せ

iMacもiPodも、開発費が低予算だったから成功した

「もっとお金があれば」「もっと知名度があれば」「もっといい人がいれば」——仕事をしていると、「もっと」がいくらでも出てくる。しかし、大切なのは与件《よけん》の中でベストを尽くし、成果を上げることではないだろうか。

お金をかけるだけでは、すぐれた製品は生まれない。IBM PCは莫大な開発費をかけて開発されたが、技術もデザインもきわめて平凡だった。

確かによく売れたが、それは画期的だからではなかった。圧倒的なブランドと販売力を持つIBMが本腰を入れたからだ。

世界を変えたのは、IBMよりもはるかに小さなアップルがつくったマックだった。

ジョブズは、iMac以降、iPod、iPhoneといった世界的大ヒット商品を生み出したが、開発費はさしてかけていない。一方で毎年何十億ドルもの研究開発費を投じていたマイクロソフトは、金儲けはできたが、世界に対してなんの創造も行なうことができなかった。

ジョブズはこう皮肉った。

「アメリカ北部のわれらが友人（マイクロソフト）は研究開発に50億ドル以上使ったけれど、最近はどうもグーグルやアップルの真似をしているようです。お金でなんでも買えるわけではありません」

大切なのは研究開発費の多寡《たか》ではない。明確なビジョンと、失敗を恐れないベンチャースピリットなのだ。そこにある程度の資金と人が加われば、世界を変える製品が生まれてくる。

知恵は満足からは出てこない。不足や不満から出る

あるメーカーの経営者がこんなことを言っていた。人もいて、お金もあり、材料もふんだんにある。そんな中からは、世界的な商品は生まれないものだ、と。

ものをつくるのはなんでもそろっていれば、誰にでもできる。しかし、それはしょせん「誰でもできる」レベルにすぎない。

そうではなく、お金が足りない、人が足りない、材料が足りないほうが、ものづくりの条件としては恵まれている。必死で知恵を出し、夢中で工夫をこらす必要があるからだ。そこから世界と戦える素晴らしい製品が生み出される。

会社も人も、与えられた条件の中で最善をつくしてこそ創造ができる。知恵や創造性はお金で買えない。与件の中で戦いながら磨かれた知恵こそが大切だ。不足を嘆くのではなく、プラスに逆転するべきである。

これがジョブズ流㉖

何でもそろっていれば、その仕事をやるのは「自分」である必要はない。そんな仕事なら誰だってできる。「自分にしか」できない仕事は何か。それは制約の中で見つかる。大切なのは制約を「知恵や創造力を出すためのジャンピングボード」に変えることだ。

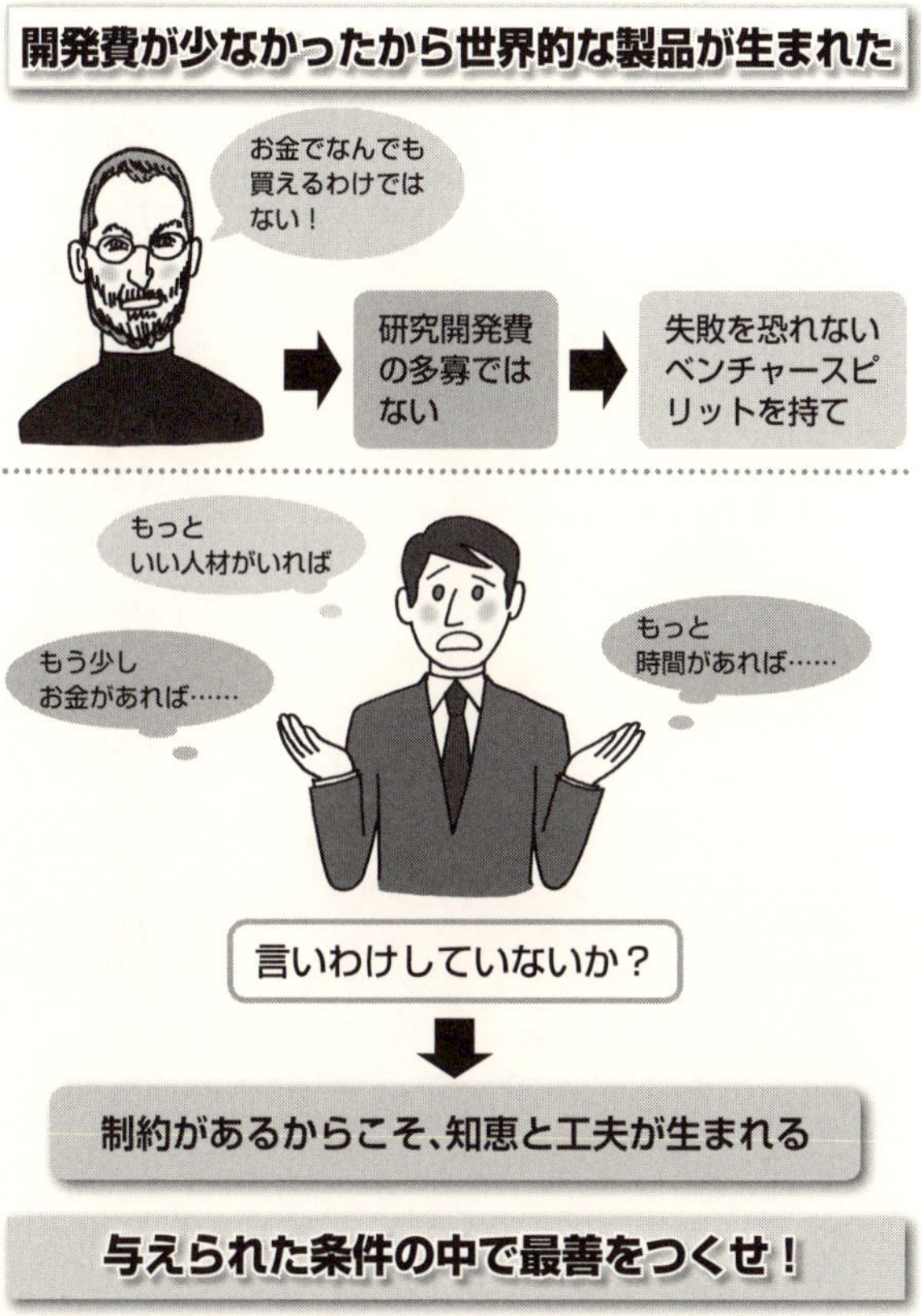
開発費が少なかったから世界的な製品が生まれた
お金でなんでも買えるわけではない！
研究開発費の多寡ではない
失敗を恐れないベンチャースピリットを持て
もっといい人材がいれば
もっと時間があれば……
もう少しお金があれば……
言いわけしていないか？
制約があるからこそ、知恵と工夫が生まれる
与えられた条件の中で最善をつくせ！

⑭ 「これでいい」と思うな。常に次回作こそ「最高傑作」

ジョブズを鼓舞したウォルト・ディズニーの言葉

走り続けるのはつらいものだ。もちろん、大きな成果を上げた時にゆっくり休むのはかまわない。でも、あくまでも「次なる成果」のためであるべきだ。

ジョブズの独創はすごすぎる。

創業時のアップルでは、アップルⅡとマッキントッシュをつくってパソコンのスタンダードを定めた。

復帰したアップルでは、iＭａｃを世に出して、工業製品のデザインとカラーの概念を変えた。iＰｏｄでライフスタイルと音楽業界を一変させ、iＰｈｏｎｅでは通信の世界を激変させた。iＰａｄではパソコンからタブレット端末への道を開いた。

ピクサーでは、『トイ・ストーリー』『バグズ・ライフ』から『トイ・ストーリー3』『カーズ2』に至るまで、ほぼすべての作品が世界的大ヒットになっている。

普通なら、この中の1つの成功に満足し、あとはゆっくり暮らしたとしても、なんの問題もないだろう。だが、ジョブズは安住せず、次から次へと挑戦し創造した。

その原動力は何か。こう言っている。

「ウォルト・ディズニーはいつもこう言っていた。『我々の値打ちは次回作で決まる』とね。だからピクサー、そしてアップルでは、腰を下ろして休むことは絶対にすすめられない。常に次のことを考え続けなければいけないんだ」

「昨日」より「今日」、「今日」より「明日」の精神

トヨタ生産方式に「昨日より今日、今日より明日」という考え方がある。

日々の仕事は何もしなければ変わりばえせず、淡々《たんたん》と続いていく。だが、仕事をやりながら「もっといいやり方はないか」と考えていくと、そこに改善の種が見えてくる。そうやって昨日より今日は少しでもよくしよう、明日は今日より少しでも

よくしようと考え、改善する。

この積み重ねによって、トヨタは世界的大企業へと成長した。「これでいい」と思った瞬間に人の進歩や向上は止まる。アスリートが厳しい練習に耐えられるのは「うまくなりたい」という気持ちがあるからだが、仕事も同じだ。似たような日々の中で「少しでもよく」「少しでもうまく」「少しでも早く」と考えることはたくさんある。

満足すること、休むことは「後退」につながりやすい。何かを成しとげたなら、休むのはかまわない。しかし、ジョブズが言うように「腰を下ろして休む」のはやめたほうがいい。

これがジョブズ流㉗

気持ちはいつも「もっと」でありたい。最高の仕事をしたとしても、「次はもっといいものを」と考える。P・F・ドラッカーは「あなたの最高傑作は」と聞かれると、晩年になっても「次回作です」と答えていたという。この向上心が大切だ。

成功に安住せず、チャレンジを続ける

ウォルト・ディズニー
は言っていた。
「我々の値打ちは
次回作で決まる」

何かを成しとげたら
「次なる大革命」を
模索

成功したごほうびに
ゆっくり休もう

「休み」=「後退」

「もっといいやり方はないか」と考え続ける

「次はもっと」が最高の仕事をする秘訣

column

アップルを一夜にして有名にした伝説のテレビCM「1984」

1986年、ジョブズを追放したアップルでは、ジョブズとかかわった人たちとの契約が次々と打ち切られていた。

その1つが広告代理店チアト・デイ社だった。マッキントッシュの宣伝に大きな役割を果たし、伝説のテレビCM「1984」を制作した会社である。

そのことを知ったジョブズは、世界規模の新聞「ウォールストリート・ジャーナル」と「ニューヨーク・タイムズ」にチアト・デイ社の功績を讃《たた》える全面広告を掲載している。

同時に、パソコン業界が開拓者精神を失い、現状維持か、そこそこの未来を育てるだけの「管理者」たちの手へ移ろうとしていることに怒りを表明した。

ジョブズにとって、コンピュータはただの商品ではなかった。人類最高の発明品であり、人間の可能性を広げ、世界を変えていくことができる。特にパソコンは個人レベルでそれを実現するものだった。

そこに巨大企業IBMが参入する。

IBM PCは、ジョブズから見ればなんの魅力も革新性もない凡庸《ぼんよう》なマシンだった。何よりいけないのは、IBM PCがシェアを圧倒すれば、そこにIBM支配が成立してしまうことだ。

ＩＢＭはつまらないパソコンをほんの少しずつ改良しながら延々と売り続けるだろう。パソコンの持つ素晴らしい可能性は圧殺され、商売の道具にされてしまう。革新的なパソコンを開発しようにも、ＩＢＭ以外のメーカーは潰されるか、ＩＢＭ互換機をつくることで支配の一端を担《にな》うしかなくなっている……。

パソコンを心から愛するジョブズには耐えられない光景だった。そんなジョブズの考え方が、「１９８４」には強く反映されている。

無表情の男たちが、巨大スクリーンに映る独裁者の演説を聞いている廃墟。そこに、ハンマーを持った女性が登場し、スクリーンにハンマーを投げつけて打ち砕く。男たちに驚きの表情が浮かぶ。そこにこんなアナウンスが流れる。

「1月24日、アップルコンピュータはマッキントッシュを発表します。その時、１９８４年が小説『１９８４年』のようにはならないということが、きっとおわかりになるでしょう」

商売道具としてのパソコンか
世界を変える夢としてのパソコンか

このＣＭの下敷きとなったのは、ジョージ・オーウェルがソ連の独裁体制を批判した小説『1984年』だ。そしてCM「1984」の独裁者はIBMだった。

「1984」の視聴率は46%。全米視聴者の半分に及ぶ。その後もメディアでくり返し流され、あらゆる広告賞を総なめにした。広告効果はすさまじく、推定500万ドルとも言われている。

しかし、このCMは、アップル取締役会から放映前に葬《ほうむ》り去られかけている。取締役たちの評判はさんざんだったのだ。

ジョブズは、スティーブ・ウォズニアックから「費用の半分は僕が払ってもいいよ」という支持を取りつけ、ようやく放映にこぎつけたのだった。

1996年、アップルに復帰したジョブズは矢継ぎ早にさまざまな改革を行なったが、その1つが同じ志《こころざし》を持つチアト・デイ社を呼び戻すことだった。「アップルがフォーカスを取り戻すにはどうすればいい」というジョブズの問いかけに、同社CEOリー・クロウはこう答えた。

「それほど難しいことじゃない。アップルのルーツに戻ればいいだけのことだ」

目ざすのは現状維持でも、そこそこの未来でもない。世界を変えていくことだ。未来はよりよいものにできる。ジョブズは再びチアト・デイ社と組むことで変革へと臨むことになった。

PART 3

でっかい夢を実現するための〝ジョブズ流　神の人生術〟

①「これをやりたい！」と思えるものを持て。情熱が人生を決める

すべての原動力は情熱！　情熱が世界を変える

情熱が人生を決める。情熱が世界に影響を与える。情熱が幸福を保証する。ジョブズを見ていると、そう考えたくなる。

ジョブズは若くして成功者となり、今では「今世紀最高のＣＥＯ」「現代のエジソン」と称されるようになった。しかし、その道は決して平坦ではなかった。30歳でアップルを追放され、「全米で最も有名な失業者」になった。ネクスト社は不振で、ハード部門の売却、社員のリストラという苦汁をなめた。ピクサーも長い間、ジョブズの個人資産を食いつぶすだけの赤字会社だった。

その激しい性格は時に人間関係を壊し、創業仲間のスティーブ・ウォズニアックやマイク・マークラさえジョブズのもとを去っていった。

プライベートでも、生後すぐ養子に出されるという出自だった。婚外子リサの認知問題で長くもめた。結婚後は比較的安定したが、50代には病魔にむしばまれ始める。

成功した仕事にしても、長い忍耐と不安が必ずつきまとった。たとえば、マック開発当時の心境を「めったに動かない方位磁石を頼りに、ジャングルをさ迷い歩くようだった」と表現している。

アップル再建は、本人さえたじろぐほどのすさまじい激務だった。また、iTunesストアの開設は誰にも成しとげ得なかった1つの奇跡であり、どれだけの苦労があったかを想像することさえ難しい。

そういうアップダウンを成功へと導く1本の筋が、情熱だった。こう言っている。

「情熱がたっぷりなければ生き残れない」

そして、安易に考える起業家にはこう忠告している。「本当に情熱を注ぎ込めるものを見つけるまで、皿洗いか何かの仕事をやったほうがいい」と。

情熱という磁石に人は集まってくる

成功したある実業家が、こんな話をしていた。もし情熱に初段から十段までの段位があるとすれば、今の事業を始めようと思った若い頃の自分は間違いなく十段だったと。そう回顧できるほどの情熱が、この実業家を成功させたのだ。

ジョブズを師と仰ぐザッカーバーグが、「自分たちがつくろうとしているものは、自分たちだけで完成するものじゃない」と言っている。仕事はユーザーも含め、多くの人の協力で完成するものだ。多くの人の協力を引き出し、つくろうとしているものに収斂《しゅうれん》させるのもまた、情熱の力にほかならない。

これがジョブズ流㉘

「これをやりたい！」と願う時、情熱は果たして何段だろうかと考える。情熱だけですべてが解決するわけではないが、情熱がなければ困難を乗り越えられない。周囲の人を巻き込めない。もし「まだまだ」だと思ったら、情熱が湧くまで待つのが賢明だ。

本当に情熱を注ぎ込めるものを見つける

情熱を注ぎ込める
ものを見つけるまで
皿洗いをやれ
情熱があれば
あきらめない
投げ出さない

本当にやりたいことなら自然と熱が入る

情熱があれば、高い壁も乗り越えられる

② 自分がやりたいことをやれ。本当に欲しいものをつくれ

ジョブズは自分が欲しいものを開発した

大好きな仕事をやり、自分が使ってみたくてたまらない製品をつくる。それができたとしたら、こんな幸せなことはない。

iMacを大ヒットさせた後のジョブズも、「大好き」な方向へと進んでいる。それは音楽だった。ジョブズは、「僕らの血管には音楽が流れてる。みんな音楽が大好きなんだ」と言うほどの熱烈な音楽ファンだったのだ。

たとえば1984年のマッキントッシュの発表会では、ジョブズは米国を代表するフォークシンガー、ボブ・ディランの詩を朗読している。30歳を迎えたジョブズの誕生パーティでステージに立ったのは、13回もグラミー賞を受賞した女性ジャズシンガーのエラ・フィッツジェラルドだった。

そんな愛してやまない音楽を、もっと手軽に楽しむ方法はないものか。

そこから誕生したのが音楽管理ソフト・iＴｕｎｅｓであり、プレーヤー・iＰｏｄであり、オンラインで音楽を購入できるiＴＭＳだった。

これらの製品は音楽の楽しみ方、聴き方を劇的に変えた。人々のライフスタイルを変え、音楽業界をも変えた。

それが可能だったのは、製品づくりに取り組むジョブズをはじめとするメンバーたちが、みんな音楽を愛していたからだ。だから、自分たちが使いたくてたまらない夢の製品をつくることができた。「自分ならどうすれば、この製品を使う気になるだろうか」と問いかけながら開発を進める。こうして生まれた製品が素晴らしいものにならないはずがない。

自分が欲しいものは、ユーザーも欲しいものだ

それはマックの開発でも同様だった。

「マッキントッシュは僕自身が欲しい製品です」とアンディ・ハーツフェルドが回顧したように、マックはジョブズ1人のビジョンではなく、チームみんなが使いた

くてたまらないドリームパソコンだった。

ジョブズは、マック・チームに行く前は、「リサ」というパソコンを開発していた。だが、そこを追われて、マック・チームをいわば乗っ取ったのだ。ジョブズという情熱源を失ったリサは失敗作に終わっている。

ジョブズは、自分がマックを乗っ取った過去を忘れたかのように、両者の違いをこう評している。

「リサ・チームは素晴らしいものをつくろうとしていたが、マック・チームはめちゃくちゃ素晴らしいものをつくろうとしている。違いは見ての通りさ」

これがジョブズ流㉙

仕事は自分が好きなことをやる。自分が本当につくりたいものを目ざす。それが第一だ。もちろん現実はその通りにはいかないが、少なくとも自分の仕事、つくっている製品への誇りは持ちたい。誇りも愛情も持てない仕事なら次を考えたほうがいい。

自分自身が使いたくてたまらないものをつくる

マック・チームは
めちゃくちゃ素晴らしい
ものをつくろうとしている

➡ チームみんなが使いたくてたまらないドリームパソコンを開発

自分ならどうすれば、この製品を使う気になるか？

⬇

とんでもなく素晴らしいものができる！

つくっているものへの愛情を持て。誇りを忘れるな

③ 仕事に夢を持て。夢こそ最高の製品をつくるためのエンジンだ

ものづくりの現場から追放されたジョブズ

働く目的とは何だろう。会社の売上を伸ばし、利益を最大限に上げて報酬を受け取る。もちろんそれも大切だが、絶対に忘れてはならないのは仕事に夢を持つことだ。夢を持ってこそ、お客様に最高のものを提供するという至上命題に近づくことができる。

ジョブズはこう言っている。

「コンピュータが単なる商品になってしまったら、ロマンを失ってしまったら、アップルで働く人々がコンピュータが人類最高の発明だということを忘れてしまったら、その時こそ、アップルがなくなる日だ」

お客様にとって最高の製品をつくるためには、つくり手が製品の可能性を信じ、

夢を持たなければならないということだ。

そういう最高の製品づくりの場だったアップルからジョブズを追放したのは、ほかならぬジョブズ自身がヘッドハンティングしてきたジョン・スカリーだった。

当初、ジョブズとスカリーは完璧なコンビだった。しかし、スタートダッシュは素晴らしかったマックの売れ行きが鈍《にぶ》るにつれ、2人の違いが徐々に表面化してきた。

スカリーは、マックをペプシ・コーラのような手法で売ろうとした。ジョブズは専横が目立ち、経営の邪魔にさえなっていた。

ついに1985年、スカリーはジョブズを追放したのだった。

それは、ジョブズが愛したものづくりの現場から引き離されることを意味した。

製品に愛情を注げ。猛烈に努力せよ

アップルは、働く人たちがコンピュータの可能性を信じ、愛情を込めて猛烈に努力し、最高の製品をつくる現場だった。

そうしたジョブズの思いは引き裂かれ、その後も歴代のCEOによってずたずたにされた。こうしてアップルの凋落《ちょうらく》が始まったのである。

10年あまりを経てアップルに復帰したジョブズは、まずアップルのベンチャー精神をよみがえらせようとした。

すぐれた製品を生み出すには、自分たちがつくっている製品に愛情を注がなければならない。愛の結晶のように見える製品を生み出すのがアップルなのだ。

規模が大きくなるにつれて会社の主流は、製品をこよなく愛する人間から、マーケティング担当者といった管理者の手に移っていくものだ。そうなるとすぐれたアイデアも実現されなくなり、製品を愛する人間は会社を去って行く。残るのは管理者ばかりになり、会社は混乱の日々を迎えることになる。そうなってはならない。

これが ジョブズ流 ㉚

メーカーにとって大切なのは製品志向の文化であり、最高の製品を生み出そうという情熱だ。「仕事だから」という以上に、自分がつくっているものを愛することだ。みんなが心を1つにする中で生まれてくる製品こそが素晴らしいのだ。

仕事に夢を持って最高の製品を提供する

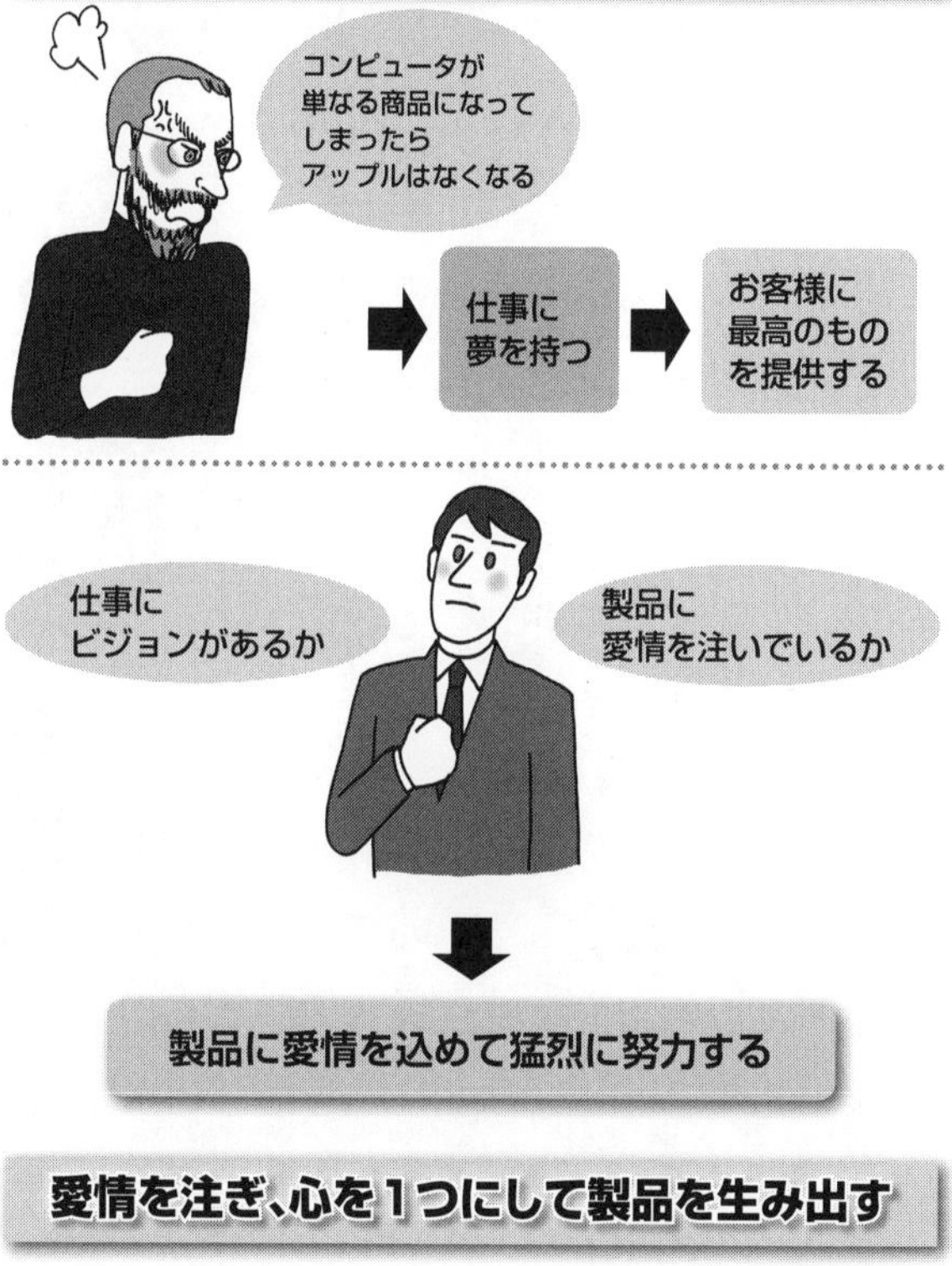
コンピュータが
単なる商品になって
しまったら
アップルはなくなる
仕事に
夢を持つ
お客様に
最高のもの
を提供する
仕事に
ビジョンがあるか
製品に
愛情を注いでいるか
製品に愛情を込めて猛烈に努力する

愛情を注ぎ、心を1つにして製品を生み出す

④ 夢を描け。笑われてもいい。でっかい夢を語れ

笑われてもいい。大きな夢を口にするのだ

思い描く夢を口にするのは案外勇気のいることだ。「バカなことを」と笑われることもあるからだ。でも、その夢を本気で追いかけているとしたら、思い切って口にするほうがいい。夢に向かって半歩踏み出すことになる。

マッキントッシュを開発していた頃、ジョブズがチームのメンバーに卓上《たくじょう》日記のようなものを見せたことがある。それはコンピュータの模型だった。半分がスクリーンで半分がキーボード。ジョブズは「これが僕の夢だ」と言った。

それは開発中のマックの模型ではなく、マック・ワン、マック・ツーの先にあるマック・スリーの姿だった。1980年代の終わりまでには、こんな形のものをつくりたいというのがジョブズの夢だった。

まだマック・ワンさえできていない時点で、ジョブズは自分の目ざすコンピュータの未来に思いをはせていたのだ。

ジョブズはアップルを創業した頃から、遠い未来を見つめ始めた。それは、コンピュータを持つ人がごく少数で、インターネットなど存在もしなかった時代性を、はるかに超越するものだった。

「僕の夢は、世界のすべての人々が1台ずつ自分のアップルコンピュータを持つようになることなんです」

大言壮語。確かにそうだ。しかし、そうやって夢を見て、夢を追いかけたからこそジョブズは、パソコンの新時代を切り開くことができた。

大切なのは夢を描くこと。夢を描けなければ何も始まらない

ホンダ創業者の本田宗一郎も、大言壮語では人後に落ちなかった。まだ静岡県浜松市の小さな町工場時代に、ミカン箱の上に立ち、「世界一になるぞ!」と檄《げき》を飛ばしている。部外者が見たら大笑いするような光景だっただろう。

しかし、やがてホンダはオートバイレースの最高峰マン島レースで世界一とな

り、オートバイのみならず自動車でも世界有数の企業となった。

ビジネスマンにも思い描く夢があるはずだ。「こんなことをやってみたい」「あんなふうになってみたい」——それを口にするのがためらわれるのは、人に笑われるのが嫌だという気持ちが働くからだ。

しかし、笑われてもいいではないか。気にすることはない。大言壮語と言われようが、バカよばわりされようが、構わない。大切なのは夢を思い描くことだ。夢を思い描けない者には何もできないのだから。

これがジョブズ流㉛

実現したい夢があるのなら、まだそこに至る道が遠く、はるか先であっても、思い切って口にすることだ。そして本気になって努力する。夢に向かって本気で努力する人を笑える人なんて、そうはいない。夢を言葉にする勇気が努力を後押しする。

夢は口にすることで現実化する

夢は
世界中のすべての人が
アップルコンピュータ
を持つこと

➡ 夢を見て夢を追いかける ➡ パソコンの新時代を切り開く

大言壮語するくらいの情熱をもつ

世界一になるぞ！

夢を口にした本田宗一郎

⬇

オートバイレースで世界一となる

本気で努力する人間を、人は笑うことはできない

⑤ 毎日「今日が人生最後の日だったら」と自分に語りかけよ

ジョブズが毎朝、鏡の中の自分に問いかけた言葉

時間は有限だ。限られた時間をどれだけ有効に使うことができるかで、幸福の度合いは大きく変わってくる。

ジョブズは若くしてどれほどの成功を収めたのか。

「23歳の時、資産価値は100万ドルだったが、24歳で1000万ドルを超え、25歳で1億ドルを超えてしまった」という。25歳で、自力で成功した史上最年少の大金持ちになったのだ。

しかし、ジョブズはそんな金銭的成功以上に、人生で大切なことを求めていた。そして、それに集中できる期間は短いと常に考えていた。

「僕らはみな、この地上で過ごせる時間には限りがあります。僕たちが本当に大事

なことを、本当に一所懸命できる機会は、たぶん2つか3つくらいしかないでしょう」

そう考えるジョブズは、本当にやりたい大切なことだけに時間を使おうと心に決めていた。毎朝、鏡に向かってこう問いかけていたという。

「もし今日が人生最後の日だったら、今日やろうとしていることをやりたいか？」

そして、もし「ノー」が何日も続くなら何かを変えた。

ジョブズは周囲の声ではなく、自分の内なる声に耳を傾けることで何をやるかを決め、常にベストを尽くした。だから56年という短い人生の中で、世界を変えるほどの革命を何度も成しとげることができた。

「今日が人生最後の日だ」と思って懸命に生きる

「今日が人生最後の日だったら」とか、「死を意識して」といった表現をしばしば耳にする。その言葉を聞いて「そうだな」とは思う。しかし、そのことを実践する人はほとんどいないはずだ。知ることと、実行することの間には大きな壁がある。

だが、ジョブズは17歳でこうした考え方を知って以来、毎日自問し、自答した。

そこにジョブズの真摯《しんし》さがある。

「人生最後の日」は難しいとしても、せめて「限られた時間を生きる」という感覚だけは持っていたい。時間を浪費することは、命や人生をムダにすることだ。

人生にはムダも大切なのだが、多忙や流行、あるいは無意識に流されて浪費するのはダメである。意識して浪費することだ。そして、時に自分にこう問いかけてみる。「これからやろうとしていることは本当にやりたいことなのか、本当に大切なことなのか?」と。

もし答えが「ノー」だったら、もっと時間を大切にするように思い直すことだ。

これがジョブズ流 ㉜

思い通りに生きにくい時代だが、だからこそ内なる声に耳を傾けることだ。限られた時間を大切に生きる。自分の成長のために、せめて1日1時間は使う。そんな生き方が少しずつ人を成長させてくれる。時間は使い方次第で、味方にも敵にもなる。

「今日が人生最後の日だったら」と考える

今日が
人生最後の日
だったら……
自分の内なる
声に耳を傾ける
世界を変える
革命を起こす

時間を浪費すること
=
命をムダにすること

本当に大切なことを見きわめる

限られた時間を懸命に生きる

⑥ やったことはムダにはならない。自分を信じて熱中せよ

点と点が線でつながれた時、ビッグバンが起こる

若い時にはしばしば「なんでこんなつまらないことをしているんだろう」と思うことがある。やりたいことはあるのに、と本当にいやになる。でも、そんな経験も将来、何かの役に立つと考えたらどうだろう。今が充実してくるはずだ。

ジョブズの人生は挫折《ざせつ》と成功のくり返しだ。その振れ幅の大きさが魅力でもあり、言葉に説得力を持たせていると言っていい。

ジョブズの挫折の1つに、両親に無理を言って入学したリード大学をわずか半年で中退したことがある。「行きたいのはここだけだ」と、高い学費を顧《かえり》みずに入学したのだから、さすがのジョブズも悩んだ。

そして、中退はしたものの吹っ切れず、それから1年近くを大学で過ごした。大

学の寮《りょう》に住み、大学の電気機器の修理などをしながら興味のある授業に出席した。その1つにカリグラフィ（西洋書道）の授業があった。書体や文字間の美しさにジョブズは魅せられた。もちろん、将来何かの役に立つとは考えていなかった。

ところが10年後、マッキントッシュの開発で、その時の経験が活きてきた。当時のコンピュータの文字は味気なく見にくいものだったが、ジョブズはカリグラフィの知識を盛り込むことで、マックの書体を美しいものに変えたのだ。

もしジョブズがカリグラフィの授業を受けていなければ、コンピュータの文字は今ほど美しくはなかったはずだ。

ジョブズは、この経験を経てこう考えるようになった。

「大学にいた当時、将来を見据えて点と点を結びつけることは不可能でした。しかし10年後に振り返ってみると、点と点が結びついたことがはっきりとわかりました。点が将来、なんらかの形で結びつくと信じなくてはいけません」

一見ムダに見えることが、将来の役に立つ

学生時代、授業を受けながら「これが何の役に立つんだ」と疑問を持ったことは

ないだろうか。仕事をしていて、「何でこんなことをやらなければならないんだ」と、嫌になったことはないだろうか。

人生にはそんなことが多い。しかし、腐るよりも、「こうした経験もどこかで役に立つかもしれない」と考えよう。そうすると、一見ムダに思える仕事にも、少し頭を使おうと意欲が湧く。

ムダに思えることを本当のムダにするのか、役立つ可能性を付加するのかは、考え方ひとつだ。

これがジョブズ流㉝

本当は人生にムダはない。ジョブズが言うように「点と点が結びつくと信じる」ことで、人生は違ったものになる。ムダに見えるものも、そんなに捨てたものじゃないと思えてくる。どんなことも、ちょっとだけ工夫をしてみる。それが将来を開く。

点と点は結びつくと信じる

点が将来何かに
結びつくと
信じること

学生時代に
カリグラフィ
に熱中した
ジョブズ

➡

マックの
書体が
美しくなる

これがなんの役に立つんだ

なぜこれをやる必要があるのか

⬇

一見ムダな仕事にも全力投球

ムダの役立つ時が必ずやってくる

⑦ 他力がダメなら自力でやれ。本気でやれば仲間は現れる

他力がダメなら自力でやれ

周囲の協力が思うように得られないことがある。「なぜわかってくれないんだ」とグチを言ったところで始まらない。他力が期待できないなら、自力を鍛えるだけだ。

ジョブズがアップルに復帰して新しいＯＳの開発に着手した時、アップルに対するソフトウェア開発業者の姿勢は必ずしも好意的ではなかった。「マックは愛しているが、アップルは憎んでいる」ケースが多かったからだ。ジョブズ以前のＣＥＯたちが開発業者との関係を悪化させていたのだ。

ジョブズはマイクロソフトの協力は取りつけたが、長いつき合いのアドビを説得することはできなかった。ジョブズはショックを受けたが、そこで止まってしまっ

ては新しいOSにも影響する。ジョブズは決断した。

「オーケー、誰も助けてくれないなら自分たちでやるまでだ」と。

他力がダメなら自力で行くほかはない。ジョブズは自社の開発力を強化することでｉＭｏｖｉｅ、ｉＰｈｏｔｏといったソフトウェアを相次いで開発した。

この決断、この開発力強化が、ｉＰｏｄ開発などの大きな成果につながっていく。

腹をくくった時、初めて協力者が現れる

本当に大変な時、新たな人材、新たな業者を探す暇《ひま》はない。自分たちの持てる力、自分たちの人材を信じて全力をつくすのがジョブズの流儀だった。

仕事をする上で、他力を上手に利用するのは大切なことだ。

とはいえ、いつも誰かが助けてくれる、手を差し伸べてくれると考えると、大きな間違いが起きる。たとえ自分のやっていることがいいことで、みんながそう考えることであっても、多くの人が協力を拒《こば》むケースだってある。

そんな時はどうすればいいか。

子会社の改革のために派遣されたある若手社員が、みんなの協力を得られず四苦八苦していた。

上司に事情を話したところ、「泣き言を言うな」と突き放された。仕方なく「自分でやるしかない」と腹をくくり、朝早くから夜遅くまで現場で改革に取り組んだ。すると、1人、2人と協力する人が現れてきたという。

「俺は親会社の人間だ」と事務所にデンと座って指示を出しても人はついてこない。だが、現場に出向いて自分でやると、少しずつだが協力者が現れるのだ。やがて改革は成功することになった。

これがジョブズ流㉞

まず自分が本気になってやっていれば、その姿を見た周囲の人間の中から、少数でも理解者や協力者が現れる。最初から他力を期待するのは間違っている。周囲が協力してくれないのは、自分がどこかで引いていて熱意が伝わらないからだ。

協力者がいなければ自力でやる

アドビにアプローチをかけたジョブズ
自分でやるまでだ
NO!
自社で開発したことが大きな成果につながる

どうしてわかってくれないんだ

↓

嘆いている暇があったら自分でやる

本気でやっていれば協力者は現れる

⑧ 居場所は自分でつくれ。不満を言っても誰も助けてくれない

自分の居場所を勝ち取る能力を持つ

自分の居場所がないのはつらい。やりたいこともあるし、それなりの能力もある。にもかかわらず、それをやる場がない。耐えて待つか、それとも自分でつくるか。

ゼロックスのパロアルト研究所で大きなインスピレーションを得たジョブズは、人材を集めて自分のプロジェクトを立ち上げた。前述のリサ・プロジェクトだ。ここで革新的なコンピュータをつくることを夢見ていた。

ところが、ジョブズとことごとく合わなかった社長のマイク・スコットから、プロジェクトリーダーの座を外されてしまう。

自分の夢の塊《かたまり》であるプロジェクトを奪われたジョブズは、一時は立ち直れない

ほど打ちのめされた。

だが、めげることなく新たな居場所を探す。その対象となったのがマッキントッシュだ。大学助教授を経て入社した技術者ジェフ・ラスキンが進めていたプロジェクトだった。これなら夢を実現できると思ったジョブズは、容赦なくプロジェクトリーダーの座をラスキンから奪い取った。

ここからマッキントッシュの伝説がスタートするのである。乱暴なやり方には違いない。だが、ジョブズはいつも自分の居場所を自分でつくってきた。その後、アップルを追放されることになった時も、こう決別の辞《じ》を述べた。

「僕が何かをつくる場所がアップルにないのなら、過去2回したことをもう1度するだけです。自分の居場所を自分でつくるんです」

ほどなくネクストを創業している。

居場所になじめない時、どうするか？

ビジネスマンの居場所はいったい誰が用意してくれるのだろうか。普通は会社が用意する。

しかし、時には会社が用意した居場所がとても住めないところだったりするから厄介だ。時には、居場所とは呼べないような場所に押し込まれることもある。

そんな時、残された道は2つしかない。

1つは、たとえ望まぬ居場所であっても最善をつくす道だ。人間の努力や頑張りというのは誰かが見ているものだ。少なくとも「誰かが見ている」と信じて努力を続ければ、やがて努力や頑張りが誰かの目に留まり、新たな居場所が開けてくる。

そしてもう1つが、自分の居場所は自分でつくる道だ。困難な道だが、新しいことをやれるチャンスでもある。

どちらにせよ、グチるだけではダメだ。

これがジョブズ流㉟

不満を言っても、望む居場所など誰も簡単には与えてくれない。行動を起こすことだ。行動を起こせば、そこに改善のヒントが見えてくる。居心地が悪いのなら、改善して居心地よく変えればいい。居場所がないなら、ない状況を改善すればいいのだ。

夢の実現のために、自分で居場所をつくる

自分の居場所は自分でつくるんです
マッキントッシュ・プロジェクトを奪う。ネクストを創業する。

居場所がなかったらどうする？

選択1
望まぬ居場所で最善をつくす

選択2
自分の居場所を自分でつくる

居場所なんて関係ない。考える前に行動せよ

⑨ あこがれのヒーローを持て。自分の生きる道が見えてくる

ジョブズのヒーローは、インテル創業者だった

「あんな人になりたい」「このような仕事をしてみたい」というあこがれのロールモデル（成功規範）はいるだろうか。

目標を立てる時、迷った時、苦難に陥った時、ロールモデルがいれば、進むべき道が見つかりやすい。折れそうな心を支えてくれることもある。

リード大学に在籍していた頃のジョブズは、自分が人生で何をしたいかがわからなかった。大学を中退、アタリ社の夜勤エンジニアを経てスティーブ・ウォズニアックとアップルを創業しても、まだ確固たるビジョンを描けなかった。

1つだけわかっていたのは、いわゆるビジネスマンにはなりたくないことだ。20歳頃のジョブズのロールモデルは、インテル創業者アンドルー・グローヴ、HP創

業者のビル・ヒューレットとデービッド・パッカードだった。

彼らに惹《ひ》かれたのは、「世界を変えること、そして成長し続ける企業を築くことに人生を賭けている」からだった。

おりしも、ジョブズの住むカリフォルニア州にある輝かしい世界企業ロッキード社は、贈収賄事件や汚職事件で信頼を失墜させていた。代わって、同じくカリフォルニア州にあるインテルやＨＰが輝き始めていたのである。

成功モデルを持つことで、自分の生き方が確立する

大切なのは大金を稼ぐことではなく、世界を変えること。ジョブズは、ロールモデルの生き方から、徐々にそういうビジョンを固めていく。

同時にジョブズは、ボブ・ディランやピカソといったアーティストの生き方にもあこがれ、ロールモデルとした。

ジョブズの生き方は誰にも真似できないものに見えるが、それはロールモデルの考え方や生き方に強く影響を受けることで確立されたものなのだ。

最近は「目標とする人は？」と聞かれて「特にいません。自分は自分らしく」と

答える人が少なくない。それもいいだろう。だが、人が成長するにはしっかりした目標が必要であり、あこがれのロールモデルがいるのは決して悪いことではない。

成長する企業も、絶えざるベンチマーキング（最良事例を指標に自己を改善する手法）を欠かさない。個人も同じだ。

マーク・ザッカーバーグは、ジョブズを師と仰ぐとともに、自分の経験不足を補うためにワシントンポストＣＥＯのドン・グレアムにも学んでいる。

これがジョブズ流㊱

「もしあの人なら、こんな時どうするだろう」と心に問いかける相手を持つ。これは決断の大きな助けになる。自分は自分らしくあっていいのだ。だが、自分らしくあるためには、自分以外の要素と比べたり、要素を取り入れたりすることが条件になる。

あこがれのロールモデル（成功規範）をつくる

パッカードなら
どうする？
アンドルー・グローヴ
のようになりたい

世界を変える
ことに人生を
賭けている人
にあこがれる

➡

進むべき
道が
見えた

目標とする人を見つけてみる

⬇

迷った時、困難な時、対処法が見つかる

「ロールモデルならどうする？」と自分に問いかけよ

⑩「できる」と信じよ。信じればできる道への扉が開く

大切なのは「できる」と信じること

人はそれぞれに夢やビジョンを思い描いているが、大切なのは、自分自身が誰よりもそれを「できる」と信じることだ。自分が信じなければ、誰も信じてはくれない。

アップル創業前、アタリ社の夜勤エンジニアとして働いていた頃、ジョブズはヒッピーのような汚い服を着ていたが、すごいやる気を周囲に感じさせていたという。

アップル創業後は、そのやる気は、自分のビジョンを押し通す力になってくる。周囲がどんなに「ムリだ」と言おうが、ジョブズは押し通した。

アップルに復帰後も、押し通し方こそだいぶこなれてきたが、自分を信じる強烈

さは同じだった。

ｉＭａｃ開発の時がそうだ。ジョブズが試作品を技術者のところに持って行くと、彼らはできない理由を38個も上げて反対したという。

ジョブズが、「いや、これをつくるんだよ」と押しても「なぜです?」と押し返してくる。ジョブズはこう断《だん》を下した。

「ＣＥＯの私が、これは可能だと思うからだ」と。

こうまで言われては技術者たちも従うほかなかった。ｉＭａｃは世界的大ヒット商品となり、アップルを復活へと導く。

この時、ジョブズにはＣＥＯという権限があった。しかし、ジョブズはＣＥＯどころか、何者でもない時代からビジョンを描き、誰も信じていないにもかかわらず、ただ1人で「できる」と信じていた。だからジョブズの言葉には、権限以上の力があったのである。

努力を重ねた先に、到着する高み

かつて「日本のお家芸」と呼ばれながら、オリンピックに出ることもままならなくなったチームスポーツがある。その復権のために、代表にしばらくぶりに復帰したアスリートが最初に口にしたのは「金メダルを取る」という言葉だった。

オリンピックに出られるかどうかさえわからない状態で金メダルを口にするなどたわ言だと言う人もいたが、そのアスリートは「自分たちが信じなければ、誰も信じてくれない」と言い返した。

「オリンピックに出る」ことだけを目標にすると、それ以上には進めない。金メダルを目標に必死に努力してこそ道が開けるのだ。まずは自分が信じる。信じて努力を重ねるうちに周囲も本気になり、協力が得られて夢に近づける。

これはスポーツでも仕事でも同じだ。

これがジョブズ流㊲

仕事をしていると、いろんなやりたいことが出てくる。そんな時に「どうせできっこない」では前には進めない。「できるかできないか」ではなく、「何がなんでもやってみせる」とまずは本気で信じることだ。自分が信じてこそ夢は実現するのだ。

夢は「自分が自分を信じること」から始まる

できない理由を38個も聞いたジョブズ

➡ iMacの世界的ヒットにつながる

あなたは自分を信じることができるか？

⬇

自分を信じて努力すれば、周囲も本気になる

本気になればどんな夢もかなう

⑪ 納得するまでやり直せ。「準備」が本当の自信をもたらす

「準備を怠る」＝「失敗の言いわけをしている」

成功は偶然もたらされるわけではない。万全の準備があってこそだ。準備を怠ることは、やる前から失敗の言いわけを用意していることにほかならない。

ジョブズの世界ナンバーワンといわれる素晴らしいプレゼンテーションは、どうやって実現できたのか。ジョブズのすぐれた資質もあるだろう。ジョブズの生き方やアップルという会社のブランド力も魅力的だ。しかし、それ以上に本番に至るまでのジョブズの徹底したこだわりも見逃すことはできない。

ある発表会のリハーサル中、ジョブズは1人の社員に「お前の説明はまったくなっていない。組み立て直せないならお前の分は外す」と宣告した。つらく残酷な言葉だ。その社員は大変なショックを受けた。

だが、ジョブズの言葉を元に最初からやり直してみると、ジョブズの正しさがわかったという。本番終了後、その社員は周囲から、そしてジョブズからも「よくやった」と言われた。

ｉＭａｃを発表するためのリハーサル会場でも、ジョブズは照明点灯のタイミングにとことんこだわった。何度やってもうまくいかない。ジョブズは「うまくいくまでやり直しだ」と言い放ち、さらに2度、3度とやり直して、4度目に「完璧なもの」ができた。

その光景を見ていた記者の1人は「何の意味があるんだ」と思ったが、発表会当日は「そう、私はこんなコンピュータが欲しかったんだ」と思うほどの感動を覚えたという。

納得いくまでやることで、自信を持つことができる

ジョブズは製品開発でも、プレゼンテーションでも、納得がいくまで何度でもやり直しを命じる。「時間がない」「コストが」などという理由に耳を貸すことはない。

やるなら常に完璧なものを、なのだ。そして完璧さは、何度でもやり直すことで初めてもたらされる。

世界と戦うアスリートは言う。「準備を怠るのは、戦う前から負けた時の言いわけを用意しているようなものだ」「練習でできないことは本番でもできない」と。

仕事も同じだ。時には本番で思わぬ力を発揮する人もいるが、仕事の成果をそんな一か八《ばち》かに賭けるわけにはいかない。成果を上げたいのなら、いつだって「もうこれ以上できない」というほどの準備を心がける。

やり直しは嫌なものだが、「納得いくまで」やることで、初めて自信を持って本番に臨むことが可能になる。

これがジョブズ流㊳

ジョブズは常に万全の準備を怠らない。だから本番はいつも素晴らしいし、たとえハプニングが起きても、それさえもショーの一環に変えることができる。準備において妥協はしないことだ。幸運は準備をしていた人のところに訪れる。

やる以上は、常に完璧なものを求める

iMac発表のリハーサルで完璧を求めるジョブズ

↓

「完璧」と思えるまで何度でもやり直す

「もうこれ以上できない」というほどの準備をする

↓

幸運は準備をしていた人の所に訪れる

万全の準備が、本番への自信を与える

⑫ あきらめるな。「ノー」から仕事は始まる

「ノー」は終わりではない。「ノー」を言われてからすべては始まる

「ノー」と言われた時が終わりではない。「ノー」と言われた時が始まりなのだ。「ノー」から一歩を踏み出せるかどうかで、夢を実現できるかどうかが決まってくる。

アップル創業時のジョブズが最も苦労したのは、製品をつくる資金の確保だった。手元資金はわずか1000ドル。アップルIの大量注文を受けたものの、部品を買うお金も、組み立ててもらうお金すらなかった。持ち前のはったりと交渉力で、危機をかろうじて乗り越えている。

アップルIの成功を経て、ジョブズは本格的な資金調達に乗り出す。そして、ベンチャーキャピタリストのはしりともいえるドン・バレンタインを訪ねた。だが

「マーケティングを知らない者、潜在マーケティングがわからない者は大望《たいぼう》を抱いているとは言えない」と投資を拒否されてしまう。

普通はここで縁が切れるが、ジョブズはあきらめなかった。「じゃあ、誰か投資者を教えてくれ」と、1週間にわたって毎日バレンタインに電話をかけ、3人の名前を聞き出した。

その中の1人がマイク・マークラだったのだ。アップルⅡを見たマークラは「これこそ自分が夢見ていたものだ」と、資金提供と、経営への参加を約束した。こうしてアップルは株式会社となり、それからわずか数年で株式上場を果たしたのだ。

あきらめるな。引き下がるな。夢実現の分岐点はそこだ

たいていの人は夢を描けても、実現する手立てを持っていない。ジョブズも同様だった。学歴、技術、資金、経営手腕のいずれもなかった。ここで夢をあきらめていれば、ジョブズは平凡な変人で終わったかもしれない。

しかし、ジョブズは自分に足りないものを必死になって集めた。そして自分のビジョンを実現することができた。

人間には、足りないものが山ほどある。10の力が必要なのに4しかない時はどうするか。「不足の6を調達すればいい」と考えるのは簡単だが、そうそう6もの要素が手に入るわけもない。

「力を貸してくれませんか」と誰かにお願いをする。簡単には「イエス」はもらえない。その時が勝負だ。引き下がるか、それともしつこく食い下がるか。あるいは「じゃあ、他の人を紹介してくれ」と厚かましく別のお願いをするか。そこが夢を実現できるかどうかの分岐点になる。

いずれにしても、一度の「ノー」であきらめる夢は本当の夢とは言えないだろう。

これがジョブズ流㊴

会社ならば、上司から一度くらい却下されても簡単に引き下がってはいけない。2度、3度とお願いをする。単にくり返すだけではダメで、手を替え品を替え、角度を変えながらお願いをする。そんな変幻自在のしつこさが夢を引き寄せる。

「ノー」を言われてから、さらに一歩踏み込む

資金を提供してくれる人を探すジョブズ

どうしてもやりたい仕事かどうか？

↓

やりたい仕事なら引き下がってはいけない

夢は断られても、あきらめてはいけない

⑬ 楽な道を行くな。困難こそ限界を突破する糧と心得よ

困難な道を選ぶから、成功の喜びも大きい

困難な道と比較的楽な道。二つを前にした時に、たいていの人は楽な道を選びがちだが、困難な道を選ぶことでしか得られないものもある。

ジョブズは製品を少し改良するとか、大企業の互換機をつくったりして売上を伸ばす道を嫌った。絶えざる革新という困難な道を選ぶことが多かった。それは本当に困難な道だった。

たとえばマッキントッシュは、大ヒットしたアップルⅡと互換性を持たなかった。乗り換えユーザーにすれば大きな迷惑だ。しかも当初はソフトウェアが十分にそろわなかったため、「マックはおもちゃだ」と酷評《こくひょう》するユーザーもいた。

iPodも、ジョブズが値段を言ったとたんに、「高すぎる」「こんなものが売上

になるのか」という批判の声が上がった。

世界的大ヒット製品も、船出の時から順調なのではない。困難な開発を経て、酷評を受けることが多い。ジョブズは言った。

「私はいつも革新的な変化に魅了されてきた。理由はわからない。より困難だからかもしれない」

困難に挑戦し、時に失敗するとみんなから責められるストレスは大変なものだ。

だが、ジョブズはその道を選ぶことで、素晴らしい成功を手にしたのだった。

楽な道を行くな！　楽な道を選び続けると、楽な道しか行けなくなる

ジョブズほどではないにせよ、ビジネスマンも楽な道を行くか、困難な道を行くかという選択を迫られることがある。

すぐれたアスリートは、プレー中にいくつも頭の中に次の動きを思い描くが、たいていは一番困難なプレーを選ぶ傾向にあるという。恐らく、楽なプレーを選び続けるうちに、楽なプレーしかできなくなることを知っているからだろう。

ビジネスマンも似たところがある。とてもできそうもない仕事を置かれる。「で

きません」と逃げることもできる。あえて挑戦することで自分の限界を突破する道もある。どうするか。

困難な道を選んで、失敗することももちろんある。「できないくせに、なぜできると言った」と非難されるかもしれない。それでも、あえて「やる」ことは成長につながりやすい。

ジョブズは、さまざまなことを私たちに教えてくれた。何より情熱を残してくれた。アメリカの成功者が、これほど日本の私たちに影響を与えたことはない。そのこと自体がジョブズのもたらした奇跡だと思う。

これがジョブズ流㊵

時にはあえて困難に立ち向かうという選択もあっていい。リスク覚悟で前に進む。そんな経験を経て人は少しずつ限界を押し広げ、仕事の能力も一回り二回りと大きくなっていくことになる。それこそが、まさに「ジョブズ・ウェイ」ではないか。

あえて困難な道を選ぶことで成功する

革新的な変化に魅了されたジョブズ

「マックは
おもちゃだ」
と批判される

→

革新的な
変化を起こし
大ヒット

一番困難なプレーを選ぶ
傾向にあるトップアスリート

↓

たとえ失敗しても、成長につながる何かが残る

リスクをとって前に進む勇気を持ち続けよ

あとがきと参考文献

ジョブズの素晴らしさの1つは「自分のつくった製品を愛している」「仕事に全人生を賭けてきた」と言い切ったことだ。

こうしたことを口にするのは、気恥ずかしいものだ。しかし、「世界に少しは貢献できた」「やってよかった。悔いはない」という仕事の根源には、必ず強い愛情や情熱がある。ジョブズは私たちに、製品を通じて、それを語ってくれたのだ。

とかく現代は、冷めた見方をしたり、そこそこの人生でいいと言う人が目につく。だが、そこそこを望んでは、もっと下の人生になってしまう。今より高みを望むことが大切なのだ。それを「希望」と言うのではないだろうか。

本書の執筆と出版にはPHP研究所の越智秀樹氏、アールズ株式会社の吉田宏氏のご尽力をいただいた。心より感謝したい。

また、執筆にあたっては次の書籍を参考にさせていただいた。いずれも示唆に富んだ労作であり、心からお礼を申し上げる。

《参考文献》

『スティーブ・ジョブズ　偶像復活』ジェフリー・S・ヤング＋ウィリアム・L・サイモン　井口耕二訳　東洋経済新報社／『スティーブ・ジョブズ　パーソナル・コンピュータを創った男』(上、下)ジェフリー・S・ヤング　日暮雅通訳　JICC出版局／『スティーブ・ジョブズの道』ランドール・ストロス　斉藤弘毅＋エーアイ出版編集部訳　エーアイ出版／『スティーブ・ジョブズの再臨』アラン・デウッチマン　大谷和利訳　毎日コミュニケーションズ／『スティーブ・ジョブズの流儀』リーアンダー・ケイニー　三木俊哉訳　ランダムハウス講談社／『スティーブ・ジョブズ　驚異のプレゼン』カーマイン・ガロ　井口耕二訳　日経BP社／『スティーブ・ジョブズの王国』マイケル・モーリッツ　林信行監修・解説　青木榮一訳　プレジデント社／『ジョブズ・ウェイ　世界を変えるリーダーシップ』ジェイ・エリオット＋ウィリアム・L・サイモン　中山宥訳　ソフトバンククリエイティブ／『スティーブ・ジョブズ　偉大なるクリエイティブ・ディレクターの軌跡』林信行　アスキー／『アップル・コンフィデンシャル2・5J』(上・下)オーウェン・W・リンツメイヤー＋林信行　武舎広幸＋武舎るみ訳　アスペクト／『アップル』(上・下)ジム・カールトン　山崎理仁訳　早川書房／『アップル薄氷の500日』ギル・アメリオ＋ウィリアム・L・サイモン　中山宥訳　ソフトバンク出版事業部／『メイキング・オブ・ピクサー』デイヴィッド・A・プライス　櫻井祐子訳　早川書房／『ピクサー流マネジメント術』エド・キャットマル　小西未来訳　ランダムハウス講談社／『ピクサー　成功の魔法』ビル・カポダイ＋リン・ジャクソン　早野依子訳　PHP研究所／『iPodは何を変えたのか?』スティーブン・レヴィ　上浦倫人訳　ソフトバンククリエイティブ／『レボリューション・イン・ザ・バレー』アンディ・ハーツフェルド　柴田文彦訳　オライリー・ジャパン／『アメリカン・ドリーム』マイケル・モーリッツ　青木榮一訳　二見書房／『アップルを創った怪物』スティーブ・ウォズニアック　井口耕二訳　ダイヤモンド社／『スカリー』(上、下)ジョン・スカリー＋ジョン・A・バーン　会津泉訳　早川書房

著者紹介
桑原晃弥（くわばら　てるや）
1956年、広島県生まれ。経済・経営ジャーナリスト。慶應義塾大学卒業後、不動産会社、採用コンサルタントの分野で実績を積んだ後、ジャーナリストとして独立。トヨタ式の普及で有名だったカルマン社の顧問として生産・ビジネスの現場を幅広く取材、トヨタ式のテキストや書籍の制作を主導した。一方でスティーブ・ジョブズなど成功した個人の研究をライフワークとし、人材育成から成功法まで鋭い発信を続けている。
主な著書に『なぜジョブズは禅の生き方を選んだのか？』（共著、PHP研究所）、『スティーブ・ジョブズ全発言』（PHPビジネス新書）、『スティーブ・ジョブズ名語録』『ドナルド・トランプ 勝利への名語録』（以上、PHP文庫）、『トヨタのPDCA＋F』（大和出版）、『ウォーレン・バフェット 巨富を生み出す７つの法則』（朝日新聞出版）、『ジェフ・ベゾス アマゾンをつくった仕事術』（講談社）などがある。

編集協力：アールズ 吉田 宏
本文イラスト：加藤アケミ

この作品は、2011年12月にPHP研究所より刊行されたものを加筆・修正したものである。

PHP文庫　図解
スティーブ・ジョブズ　神の仕事術
不可能を可能にする40の成功法則

2018年1月18日　第1版第1刷

著　者　桑原晃弥
発行者　後藤淳一
発行所　株式会社PHP研究所
東京本部　〒135-8137 江東区豊洲5-6-52
第二制作部文庫課　☎03-3520-9617（編集）
普及部　☎03-3520-9630（販売）
京都本部　〒601-8411 京都市南区西九条北ノ内町11
PHP INTERFACE　https://www.php.co.jp/
組　版　朝日メディアインターナショナル株式会社
印刷所
製本所　図書印刷株式会社

ISBN978-4-569-76803-8